Die Natur ist die grosse Ruhe gegenüber unserer Beweglichkeit. Darum wird sie der Mensch immer mehr lieben, je feiner und beweglicher er werden wird. Sie gibt ihm die grossen Züge, die weiten Perspektiven und zugleich das Bild einer bei aller unermüdlichen Entwicklung erhabenen Gelassenheit.  Christian Morgenstern

Die St. Loretto-Kapelle auf dem ▷
Acheberg (Route 1)

Schweizer Wanderbuch
Durchgehende Routen

# Schwarzwald-Veltlin-Route

Koblenz – Glarus – Tirano

19 Routenbeschreibungen mit Routenkarten, Routenprofilen und Bildern

Bearbeitet von Arnold Fuchs
und Cristian Caduff-Vonmoos

Kümmerly+Frey Geographischer Verlag Bern

Herausgeber: Schweizerische Arbeitsgemeinschaft für Wanderwege

# Inhalt

|  | Seite |
|---|---|
| Zum Geleit | 5 |
| Vorwort | 7 |
| Übersichtskarte | 8/9 |
| Routenverzeichnis | 11 |
| Routenkarten | 12-19 |
| Routenbeschreibungen und Routenprofile | 20 |
|    Kantone Aargau und Zürich: Koblenz-Rapperswil, Routen 1-4 | 20 |
|    Kantone Schwyz und Glarus: Rapperswil-Flims Routen 5-10 | 33 |
|    Mittelbünden: Flims-Bivio, Routen 11-14 | 50 |
|    Oberengadin: Bivio-Passo del Bernina, Routen 15-17 | 65 |
|    Puschlav: Passo del Bernina-Tirano, Routen 18 und 19 | 73 |
| Heimatkundliche Notizen | 80 |
| Touristische Informationen | 105 |
| Kartenverzeichnis | 107 |
| Die Markierung der Wanderrouten | 108 |
| Die Schweizerische Arbeitsgemeinschaft für Wanderwege | 109 |
| Literaturverzeichnis | 110 |
| Alphabetisches Register | 111 |
| Verzeichnis der Wanderbücher | 112 |

---

| | | |
|---|---|---|
| Redaktion: | Sekretariat Schweizerische Arbeitsgemeinschaft für Wanderwege, Im Hirshalm 49, 4125 Riehen, Telefon 061 49 15 35 | |
| Bilder: | | Seite |
| | Caduff, Castrisch | 6, 10, 53, 57, 61, 72, 79, 105 |
| | Fuchs, Waldenburg | 2 |
| | Geiger, Flims Waldhaus | 49 |
| | Künzler, Bern | 64 |
| | SVZ, Zürich | 23, 32, 36, 39, 45, 87 |
| | VV, Zürich | 27 |
| Umschlagbild: | Kirche von Sils-Baselgia im Oberengadin Im Hintergrund Piz La Margna. Foto Steiner, St. Moritz | |
| Routenkarten: | Auschnitte aus der LK 1:300 000, reproduziert mit Bewilligung des Bundesamtes für Landestopographie vom 15.2.1982 | |

© 1982 Kümmerly + Frey, Geographischer Verlag, Bern - 1. Auflage 1982
Printed in Switzerland - ISBN 3-259-**033408**-0           DR

# Zum Geleit

In der Gründungszeit der Schweizerischen Arbeitsgemeinschaft für Wanderwege (SAW) bestanden deren Hauptaufgaben in der Erschliessung der Natur durch Wanderwege, in der Markierung und der Koordination über die Kantonsgrenzen hinweg. Dies trifft auch heute noch zu. Doch stellten sich im Laufe der Zeit auch neue Aufgaben.
Die 25 SAW-Sektionen betreuen heute ein Netz von über 50000 km Wanderwegen. Der Erholungssuchende findet auf diesen Wegen Gelegenheit, abseits vom lärmigen und übelriechenden Verkehr, die Schönheiten unseres Landes zu geniessen. Aber auch hier gilt: Gewusst wo!
Mit der Herausgabe von eignen Wanderbüchern möchte die SAW allen Wanderfreunden helfen, Land und Leute besser kennenzulernen.
Die Routenbeschreibungen, ergänzt mit Karten, Profilen und Bildern, ermöglichen jedem, der unser Land nicht unvorbereitet zu durchqueren beabsichtigt, die Wanderung gut zu planen und viel Wissenswertes zu erfahren. Den Bearbeitern des Buches, Arnold Fuchs und Cristian Caduff, sei für ihre interessanten und sorgfältig abgefassten Ausführungen der beste Dank ausgesprochen.
Was die Landschaft zwischen Koblenz und Tirano alles zu bieten vermag, wird den Wanderer erfreuen und beeindrucken; dem im schnellen Transportmittel Reisenden muss dies alles verborgen bleiben. Doch wie könnte man auch Land und Dörfer lieb gewinnen, wenn man sie mit rasender Geschwindigkeit durchquert? Leider wird im Zeitalter der schnellen Verbindungen nicht nur die Entfernung vom Menschen zur Natur, sondern auch vom Menschen zum Menschen immer grösser.
Wenn mit diesem Büchlein ein Beitrag zur gegenteiligen Entwicklung geleistet werden kann, so hat es seinen Zweck erreicht, und dann freuen wir uns ganz herzlich darüber. In diesem Sinne: gute Wanderung!

Im Frühjahr 1982　　　Ernst Neukomm, Regierungsrat, Schaffhausen
　　　　　　　　　　　Präsident der Schweizerischen Arbeitsgemeinschaft
　　　　　　　　　　　für Wanderwege (SAW)


Schmucke Hausfassade in Savognin ▷
(Routen 13 und 14)

# Vorwort

Eine der wohl besten Möglichkeiten die Vielfalt und Eigenart unserer Heimat kennen zu lernen, bietet sich bei der Begehung einer durchgehenden Wanderroute. Die Schwarzwald-Veltlin-Route scheint hierzu in ganz besonderem Masse geeignet.

Ausgehend von Koblenz am Rhein, dicht an der Grenze zum Schwarzwald, führt sie quer durch unser Land, um schliesslich in Campocologno die Südgrenze zu überschreiten und in Tirano im Veltlin zu enden.

Schon das Teilstück Koblenz-Glarus könnte abwechslungsreicher nicht sein. Da werden zunächst Ausläufer des Juragebirges überquert. Dann ist das Mittelland an der Reihe und allmählich geht's durch die Voralpen des Kantons Schwyz ins Gebiet der Glarner Alpen.

In Glarus verlässt man Mittelland und Voralpen, um gemächlich die eigentliche Alpenkette zu überqueren. Der Weg dazu ist so gewählt, dass nur drei Pässe zu bewältigen sind: Segnas, Lunghin und Bernina. Die Szenerie wechselt dauernd: von den fruchtbaren Tälern geht's empor zu den kargen Alpen und die Höhepunkte bilden die Alpenpässe.

Vielfalt entdeckt der Wanderer auch bei den Einheimischen, diese sprechen stets andere Sprachen und drücken sich auch kulturell sehr verschieden aus. Im Kanton Glarus verabschiedet man sich von den Alemannen, um bereits in Flims die ersten Rätoromanen anzutreffen.

Bei den Bauformen beobachtet man ebenfalls eine erstaunliche Vielfalt. In Elm steht der letzte Kirchturm mit Käsbissendach und von Flims weg wechseln sich romanische, gotische und Barockformen. Bei Tiefencastel begegnet man sogar einer intakten karolingischen Kirche. Auch die Bauernhäuser sehen unterschiedlich aus, im reicheren Talgrund erblickt man massive Bündner Steinhäuser, dazwischen Holzhäuser der Walser, und im Engadin beinahe festungsartige Gebäude mit abweisenden Fassaden. Erst unter dem Südhimmel des Puschlavs werden die Häuser wieder offener.

Dem gleichen Wechsel ist auch die Vegetation unterworfen, die Arten verändern sich zwischen Tieflage und alpiner Region, zwischen Norden und Süden, was die Wanderung nicht unwesentlich bereichert.

Beim Wandern in der alpinen Höhenlage gilt auch hier die Alpinistenregel: Nur Touren unternehmen, die man auch bei plötzlich eintretenden widerlichen Wetterverhältnissen gefahrlos durchzustehen vermag! Neben einer richtigen Einschätzung der persönlichen Leistungsfähigkeit ist aber auch eine bergtüchtige Ausrüstung unerlässlich!

Waldenburg und Castrisch, Frühjahr 1982   Arnold Fuchs
Cristian Caduff-Vonmoos

# Übersichtskarte

Massstab 1:1 500 000

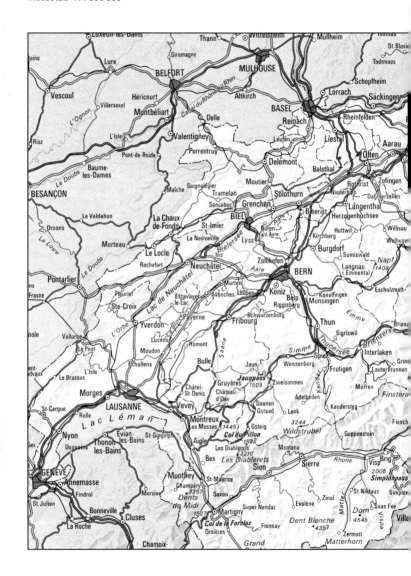

Karte 1: Kantone Aargau und Zürich
Karte 2: Kantone Schwyz und Glarus
Karte 3: Mittelbünden
Karte 4: Oberengadin, Puschlav

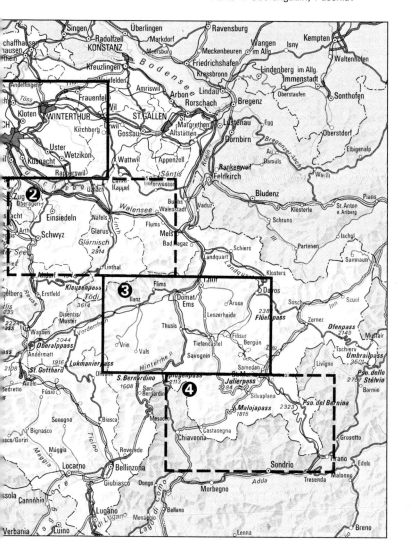

# Routenverzeichnis

## Kantone Aargau und Zürich:
### Koblenz-Rapperswil (Karte 1)

| | | Seite |
|---|---|---|
| 1 Koblenz-Acheberg-Niederweningen | 4 Std. 50 Min. | 20 |
| 2 Niederweningen-Lägeren-Regensberg-Zürich/Höngg | 5 Std. 20 Min. | 24 |
| 3 Zürich/Allmend Fluntern-Forch-Pfannenstil | 4 Std. | 28 |
| 4 Pfannenstil-Lützelsee-Rapperswil | 3 Std. 50 Min. | 30 |

## Kantone Schwyz und Glarus:
### Rapperswil-Flims (Karten 2+3)

| | | |
|---|---|---|
| 5 Rapperswil Pfäffikon-Stöcklichrüz-Sattelegg | 5 Std. 30 Min. | 33 |
| 6 Sattelegg-Eggstofel-Innerthal | 3 Std. 40 Min. | 37 |
| 7 Innerthal-Schwialppass-Vorder Richisau | 4 Std. 20 Min. | 38 |
| 8 Vorder Richisau-Klöntalersee-Schwammhöchi-Glarus | 4 Std. 20 Min. | 40 |
| 9 Glarus-Schwanden-Elm | 5 Std. 20 Min. | 42 |
| 10 Elm-Segnaspass-Flims | 8 Std. 40 Min. | 46 |

## Mittelbünden: Flims-Bivio (Karten 3+4)

| | | |
|---|---|---|
| 11 Flims-Reichenau-Scharans | 7 Std. | 50 |
| 12 Scharans-Muldain-Tiefencastel | 3 Std. 50 Min. | 54 |
| 13 Tiefencastel-Salouf-Savognin | 3 Std. 25 Min. | 58 |
| 14 Savognin-Alp Flix-Bivio | 6 Std. | 62 |

## Oberengadin: Bivio-Passo del Bernina (Karte 4)

| | | |
|---|---|---|
| 15 Bivio-Pass da Sett-Pass Lunghin-Sils i. E. | 6 Std. | 65 |
| 16 Sils i. E.-St. Moritz-Pontresina | 3 Std. 50 Min. | 68 |
| 17 Pontresina-Morteratsch-Passo del Bernina | 4 Std. 10 Min. | 70 |

## Puschlav: Passo del Bernina-Tirano (Karte 4)

| | | |
|---|---|---|
| 18 Passo del Bernina-Alp Grüm-Poschiavo | 3 Std. 25 Min. | 73 |
| 19 Poschiavo-Brusio-Campocologno-Tirano | 1 Std. | 76 |

◁ Begegnung am Wanderweg

# Kantone Aargau und Zürich:
## Koblenz – Rapperswil

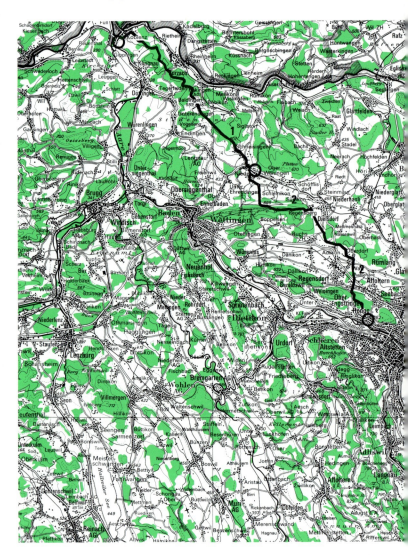

Karte 1
Massstab 1 : 300 000
Routen 1-4

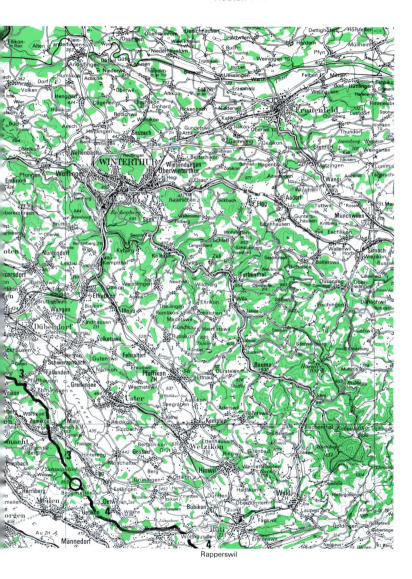

# Kantone Schwyz und Glarus:
## Rapperswil–Flims

14

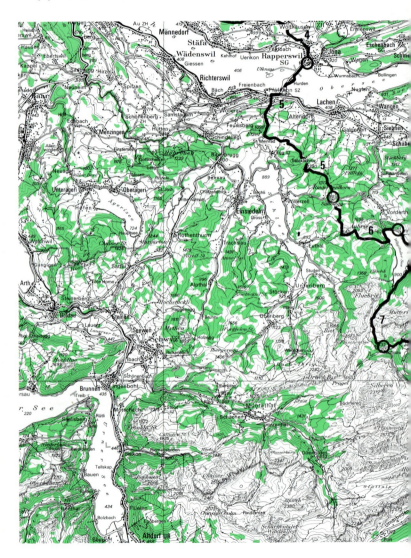

Karte 2
Massstab 1 : 300 000
Routen 4–10

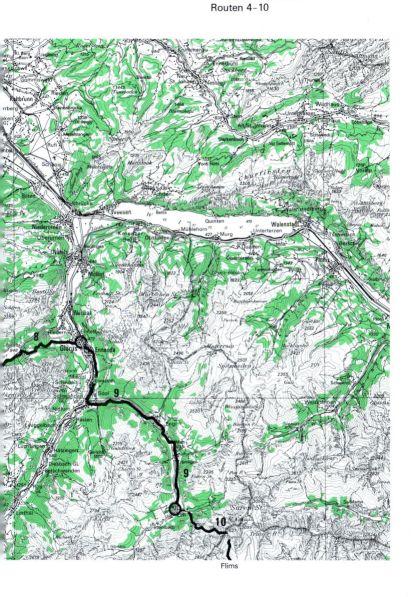

# Mittelbünden:
# Flims – Bivio

16

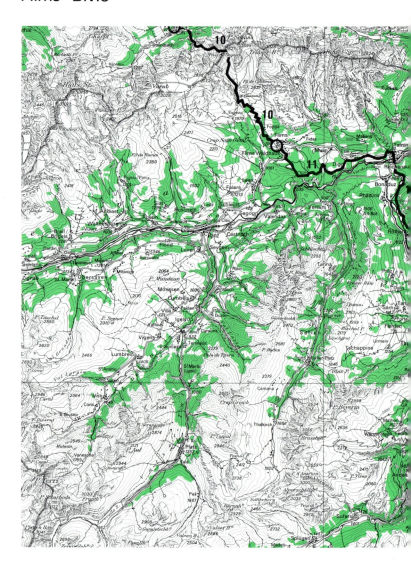

Karte 3
Massstab 1 : 300 000
Routen 10–14

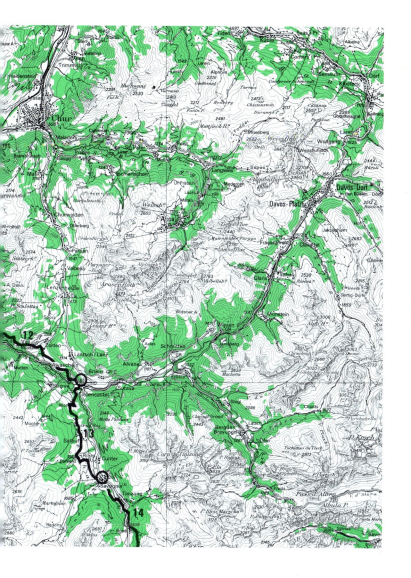

# Oberengadin, Puschlav: Bivio-Tirano

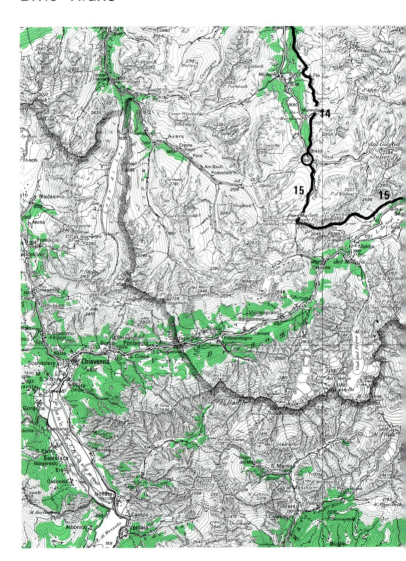

Karte 4
Massstab 1 : 300 000
Routen 14–19

# 1 Koblenz-Acheberg-Niederweningen

Mühelose Wanderung durch schöne Wälder und über wenig begangene Höhen mit schönen Ausblicken.

| Route | Höhe in m | Hinweg | Rückweg |
|---|---|---|---|
| Koblenz/Bahnhof | 321 | — | 4 Std. 50 Min. |
| Längg | 356 | 35 Min. | 4 Std. 20 Min. |
| Acheberg | 513 | 1 Std. 35 Min. | 3 Std. 30 Min. |
| Chänzeli | 502 | 2 Std. 25 Min. | 2 Std. 40 Min. |
| Ober Baldingen | 559 | 3 Std. 15 Min. | 1 Std. 50 Min. |
| Mittel Schneisingen | 493 | 4 Std. 30 Min. | 25 Min. |
| Niederweningen/Station | 444 | 4 Std. 50 Min. | — |

Vom Bahnhof *Koblenz* (Näheres S. 80) zunächst auf dem parallel zu den Bahnanlagen verlaufenden Trottoir in nördlicher Richtung. Nach ca. 400 m rechts durch die Fussgängerunterführung. Auf der andern Seite links, und auf dem Strässchen wieder entlang der Gleise. Bei der nächsten Abzweigung rechts in den Frittelweg und durch schönen Wald zur Unterführung der Bahnlinie Koblenz-Waldshut. Nun auf dem Quartiersträsschen an der modernen katholischen Kirche vorbei. Bei der Einmündung in die Achebergstrasse rechts und auf dieser bergan zu den Häusern von *Längg.* Dann in südöstlicher Richtung auf einem Feldsträsschen zum Ischlag. Von hier führt ein mässig ansteigender Weg durch den Bergwald, an einem schönen Jagdhaus vorbei, zum viel besuchten Ausflugs-und Wallfahrtsort *Acheberg* (Näheres S. 81).

An der Lorettokapelle vorbei. Vor der Wirtschaft und dem Hof Acheberg rechts über das Feld. Nun in südlicher Richtung, zunächst am Waldrand, dann im Wald, an einer kleinen Lichtung vorbei und im Oberwald an die Südflanke des Ammeribuck. Hier nach Osten wenden, in der Nähe von Pt. 477 die Strasse Tegerfelden-Zurzach queren und im Wald an der Nordflanke des Hörndli leicht aufwärts zum *Chänzeli.* Rastplatz mit schö-

ner Aussicht auf Zurzach, ins Rheintal, ins badische Nachbarland mit seinen Dörfern und auf den Küssaberg mit der Burgruine.
Vom Chänzeli ca. 300 m in südlicher Richtung dem Waldweg folgen. Dann links über einen Pfad, später wieder auf einem Weg durch das Gehölz hinunter zum *Schachen*. Die Naturstrasse Tegerfelden-Rekingen kreuzen und am Gegenhang aufwärts. Bei der zweiten Abzweigung links und in Schleifen auf einen Bergrücken. Nun wieder links in einen Fussweg einbiegen und im Wald abwärts. Am Waldrand Rastplatz mit Bänken. Über die grosse Lichtung hinunter auf einen Feldweg und rechts nach *Breiten*. Dem ansteigenden Asphaltsträsschen folgend wird *Ober Baldingen* (Näheres S. 81) erreicht. Schöne Sicht über das untere Aaretal bis weit in den Jura und ins Klettgau. Knapp über den Wipfeln des Unterwaldes an der Aare sind die beiden Kühltürme des Kraftwerkes Beznau zu erkennen.
Von den obersten Häusern Ober Baldingens 60 m nach links, dann rechts über Felder hinunter zu dem nach Lengnau führenden Strässchen. Auf diesem durch eine kurze Waldpartie. Nun öffnet sich der Blick nach Norden ins Tal des Chrüzlibaches mit dem Dörfchen Böbikon und ins badische Nachbarland. Nach Queren eines weiteren Waldstückes wird die Sicht nach Süden frei. Unten liegt friedlich das Dörfchen Vogelsang, das Surbtal ist zu sehen und aus der Fornc grüsst über das Aaretal hinweg der Geissberg.
Bei Pt. 569 (Vogelsang) links in den Waldweg einbiegen und dann gleich wieder rechts halten. Nun beinahe ebenwegs durch schönen Wald zur Wegverzweigung bei Pt. 604 (Alpenrosen). Es lohnt sich, von hier aus den kleinen Abstecher zu dem 250 m entfernten, in einer Waldlichtung liegenden Alpenrosenfeld zu unternehmen. Hier blühen im Mai, durch einen hohen Drahtzaun geschützt, prächtige Alpenrosen. Wie diese botanische Merkwürdigkeit zustande kam, ist bis heute nicht mit Sicherheit abgeklärt. Vermutlich ist der Samen während der Eiszeit auf Gletschermoränen hierher getragen worden. Eine Sage weiss allerdings zu berichten, dass während der Schreckenstage von Nidwalden (1799) ein Hirtenbüb-

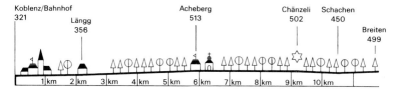

# Kantone Aargau und Zürich: Koblenz–Rapperswil

lein ins Tiefland geflohen sei und zum Andenken Alpenrosen mitgenommen habe. Hier seien ihm Samen aus der Tasche gefallen und so sei die für das Mittelland einmalige Rarität entstanden. Die Einwohner von Schneisingen hegen und pflegen das Feld und feiern jedes Jahr zur Blütezeit ihr Alpenrosenfest.

Von der Wegverzweigung (Alpenrose) wird nach wenigen Schritten das Reservoir und der Rastplatz am Waldrand erreicht. Der Abstieg nach Ober- und *Mittel-Schneisingen* (Näheres S. 81) erfolgt teils auf der Strasse, teils über Abkürzungen. Dann führt ein Fahrsträsschen in der Fallinie direkt hinunter zur Postautohaltestelle Murzeln und zur Kantonsstrasse. Auf dieser in östlicher Richtung zur Station *Niederweningen* (Näheres S. 82).

Haus «Rote Rose» im mittelalterlichen Städtchen Regensberg (Route 2)

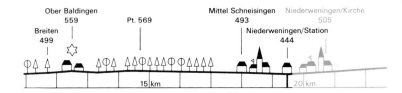

# 2 Niederweningen-Lägeren-Regensberg-Zürich/Höngg

Abwechslungsreiche Wanderung über die Lägeren nach Zürich. Ab Regensberg grössere Teilstrecken auf Hartbelag.

| Route | Höhe in m | Hinweg | Rückweg |
| --- | --- | --- | --- |
| Niederweningen/Station | 444 | – | 5 Std. 30 Min. |
| Lägerenweid | 770 | 1 Std. 30 Min. | 4 Std. 15 Min. |
| Lägeren/Hochwacht | 856 | 1 Std. 50 Min. | 4 Std. |
| Regensberg | 612 | 2 Std. 30 Min. | 3 Std. |
| Chrästel | 494 | 3 Std. 15 Min. | 2 Std. 10 Min. |
| Watt | 438 | 4 Std. | 1 Std. 20 Min. |
| Chatzensee | 441 | 4 Std. 20 Min. | 1 Std. |
| Grüenwald | 524 | 4 Std. 50 Min. | 35 Min. |
| Zürich/Höngg (Meierhofplatz) | 462 | 5 Std. 20 Min. | – |

Von der Station *Niederweningen* (Näheres S. 82) auf der Kantonsstrasse zur Maschinenfabrik Bucher-Guyer. Hernach links über das Fabrikareal zum Gasthof und weiter in südlicher Richtung hinauf zur Kirche des Dorfes. Vom Kirchhügel hübscher Blick ins Wehntal. Nun links auf dem Strässchen ein kurzes Stück abwärts. Dann in südöstlicher Richtung leicht ansteigen. Bei der Einmündung des dritten, vom Wehntal herkommenden Strässchens rechts halten und hinauf zum Widenhof. Weiter in südlicher Richtung, zunächst dem Waldrand folgen, dann auf dem Gütersträsschen den Waldstreifen queren und vom Reservoir den von Gebüsch umsäumten Hohlweg hinauf. Oben am Waldrand nach links und auf dem der Lägerenweid entlang führenden Feldweg leicht ansteigen. Schöner Blick ins Wehntal, über die bewaldeten Buckel der Egg und des Stadlerberges hinweg bis zu den Höhen des Schwarzwaldes, des Randen und des Hegaus.

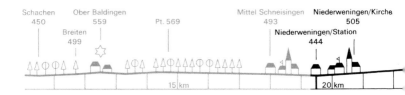

Beim Wegweiser *Lägerenweid* rechts im Wald hinauf zur *Hochwacht* (Näheres S. 84). Bergwirtschaft. Prächtige Aussicht ins Mittelland und vom Säntis bis zur Dôle.
Nun in östlicher Richtung auf dem Jurahöhenweg (Markierung rot/gelb) hinunter nach *Regensberg* (Näheres S. 84). Am Weg erinnert ein roter Ackerstein mit vier eingravierten Namen an den Absturz einer Swissair-Maschine am 10. Februar 1967.
Vom Wegweiser an der Strassenkreuzung eingangs Regensdorf in südlicher Richtung abwärts. Die von Dielsdorf herkommende Strasse queren und am Lohhof vorbei, hinauf zu einer auf einem Moränenrücken stehenden Baumgruppe. Ruhebänke. Weiter in südlicher Richtung hinunter zum Burghof und zur Pestalozzi-Jugendstätte. 1898 erbaut und seither mehrmals erweitert, dient dieser Heim- und Gutsbetrieb der Erziehung schulentlassener Jugendlicher. Dem mit einem Sonntagsfahrverbot belegten Strässchen folgen, vorbei am ehemaligen Waisenhof des Bezirkes Dielsdorf (heute Versuchsbetrieb der chemischen Fabrik Dr. R. Maag AG für Planzenschutzmittel), hinunter zur Strasse Dielsdorf-Buchs ZH. Schöner Blick ins Furt- und ins Glattal sowie zurück zum Städtchen Regensberg.
Die Strasse überschreiten und am Waldrand, entlang des Schwänkelberges, hinab nach *Chrästel*. Hier wurde früher Quarzsand für die Glashütte Bülach abgebaut. Die unterirdischen Stollen bestehen noch und können besichtigt werden. Anmeldung für Führungen im Restaurant Bergwerk.
Über die Hauptstrasse und weiter in südöstlicher Richtung. Beim ersten Feldweg links. Wenig später entlang dem Trassee der ehemaligen Bahnlinie Baden-Bülach bis zur Strasse Dielsdorf-Adlikon. Diese queren und 90 m auf dem parallel laufenden Radweg. Dann links, auf einem Feldweg, am Reservoir vorbei zu einer Waldecke am Häsler. Nun scharf rechts halten und geradeaus übers Feld. Nach 600 m wieder links. Der Weg mündet alsbald in ein mit Trottoir versehenes Strässchen. Vorbei an mehreren Einfamilienhäusern, bei der ersten Abzweigung rechts und einige Quartierstrassen des Oberdorfes querend, hinunter zur Strassenkreuzung mitten im Dorf *Watt* (Näheres S. 85).

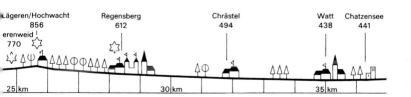

# Kantone Aargau und Zürich: Koblenz–Rapperswil

Bis zum Sand der Strasse nach Regensdorf folgen. Auf dem hier links abzweigenden Strässchen übers Feld und durch ein Wäldchen zur stark befahrenen Strasse Dielsdorf-Zürich. Links liegen der Untere- und der Obere *Chatzensee* (Näheres S. 86). Rechts erhebt sich auf einem Moränenhügel die Ruine *Alt Regensberg* (Näheres S. 86).
Die Strasse queren und in südlicher Richtung über die Bahnlinie Oerlikon-Baden. An der Ostseite des Burghügels vorbei und durch einen Waldstreifen zur Strasse Regensdorf-Affoltern. Am gegenüberliegenden Hang einen Wiesenpfad hinauf. Dann links über ein Strässchen zum schönen Hof Geissberg. Kurz nachher wird die Strasse Regensdorf-Höngg erreicht. Dieser zunächst 300 m auf dem Trottoir dann auf dem parallel laufenden Fussweg im Wald bis *Grüenwald* folgen. Dann links in südöstlicher Richtung durch schattigen Wald zur Höngger Allmend. Weiter in gleicher Richtung, längs des Friedhofes, hinunter durch die Michelstrasse, vorbei an der Mosterei Zweifel und durch die Regensdorferstrasse auf den Meierhofplatz in *Zürich/Höngg* (Näheres S. 88). Tramlinie 13 bis Zürich HB.

Waldmanndenkmal und Grossmünster in Zürich (Routen 2 und 3) ▷

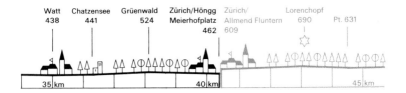

Kantone Aargau und Zürich: Koblenz-Rapperswil

## 3 Zürich/Allmend Fluntern-Forch-Pfannenstil

Schöne Wanderung über bewaldete Höhen mit prächtigen Ausblicken nach allen Seiten.

| Route | Höhe in m | Hinweg | Rückweg |
|---|---|---|---|
| Zürich/Allmend Fluntern | 609 | — | 3 Std. 50 Min. |
| Lorenchopf | 690 | 45 Min. | 3 Std. 10 Min. |
| Süessblätz | 672 | 1 Std. 45 Min. | 2 Std. |
| Wassberg | 715 | 2 Std. 10 Min. | 1 Std. 40 Min. |
| Forch/Station | 689 | 2 Std. 40 Min. | 1 Std. 10 Min. |
| Vorder Guldenen | 794 | 3 Std. 20 Min. | 35 Min. |
| Pfannenstil/Hochwacht | 800 | 4 Std. | — |

Von der Tramstation *Zoo (Allmend Fluntern)* der Linie 5 auf abgetrenntem Fussgängerweg längs der Dreiwiesenstrasse zur Kreuzung mit der Strasse nach Glockhausen. 100 m nach der Kreuzung rechts und auf schönem Waldweg, zunächst 300 m in südöstlicher, dann in östlicher Richtung, über die Dreiwiesenstrasse und parallel zu dieser zum Rastplatz in der Nähe des Forsthauses Hinter Adlisberg. Nun 300 m auf der Strasse. Kurz nach der Einmündung der Adlisbergerstrasse rechts in die Chatzenstrickstrasse einbiegen und in weitem Rechtsbogen an die Ostseite des *Lorenchopfes*.

Ein Abstecher zum 33 m hohen, 1954 erbauten Aussichtsturm ist empfehlenswert. Dieser kann rechts hinauf in einigen Minuten erreicht werden und bietet eine prächtige Rundsicht. Ruhebänke, Feuerstellen.

Nach kurzem Abstieg die Chatzenschwanzstrasse überschreiten und im Wald geradeaus weiter. Beim Wegweiser «Liebenstein» rechts halten und zur Strasse Witikon-Pfaffhausen. Diese queren und links schräg hinauf an den Waldrand des Oeschbrig. Dann durch einen Waldstreifen, an den obersten Häusern von Pfaffhausen und am Israelitischen Friedhof vorbei.

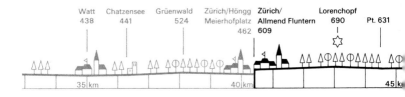

An dessen Ende scharf rechts und im Wald ansteigen. Unmittelbar nach einer Lichtung wird der höchste Punkt erreicht. Hier nach links wenden. Beim Verlassen des Waldes öffnet sich der Blick auf den Greifensee und weit ins Land hinaus. Weiter in südöstlicher Richtung über die Binzstrasse zum gegenüberliegenden Wald. Diesen auf dem mittleren, zunächst ansteigenden Weg queren. Am Waldausgang Waldhütte mit Tischen, Bänken und Feuerstelle. Kurz nachher werden die idyllisch gelegenen Gehöfte *Süessblätz* erreicht. Ganz in der Nähe Riegelhaus mit Reithalle und Gehege.

Nun dem Waldrand entlang abwärts. Nach 600 m das Strässchen verlassen und in südlicher Richtung durch den Wald bergan zum Pt. 715 *Wassberg*. Hier das zu den Häusern von Wassberg führende Strässchen queren und in gleicher Richtung noch etwas ansteigen. Dann in südwestlicher Richtung über die Hochebene der Wassbergwis. Kurz nach dem Wiedereintritt in den Wald links halten, übers Feld und durch den Wald fast ebenwegs zum Wehrmännerdenkmal auf der Forch. Das 1922 eingeweihte Denkmal erinnert mit seiner hochaufschiessenden, bronzenen Flamme an die Opfer, die die Grenzbesetzung während des 1. Weltkrieges forderte. Grossartige Rundsicht. Anlage mit Ruhebänken. Auf dem links abwärts führenden Strässchen werden die Häuser und die Station *Forch* (Näheres S. 90) erreicht.

Südlich der Station Forch unter der Forchstrasse durch. Bei der markierten Abzweigung rechts und auf dem nach Guldenen führenden Strässchen bergan. Am Waldrand das Strässchen nach rechts verlassen und auf dem parallel dazu verlaufenden Weg aufwärts. Kurz vor Hinter Guldenen auf die andere Seite wechseln. Schliesslich auf dem Strässchen nach *Vorder Guldenen.*

Weiter in gleicher Richtung über die Guldener Höchi und im Wald auf den Rücken des *Pfannenstils* (höchster Punkt 853 m). Nach kurzem Abstieg wird die *Hochwacht* (Näheres S. 90) erreicht. Gastwirtschaft. Prächtiger Blick über das Zürcher Oberland, auf den oberen Teil des Zürichsees, den Säntis und die Glarnerberge.

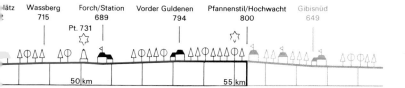

# Kantone Aargau und Zürich: Koblenz-Rapperswil

## 4  Pfannenstil-Lützelsee-Rapperswil

Kurzweilige Wanderung von der Pfannenstil/Hochwacht hinunter in die Rosenstadt Rapperswil.

| Route | Höhe in m | Hinweg | Rückweg |
|---|---|---|---|
| Pfannenstil/Hochwacht | 800 | — | 4 Std. 10 Min. |
| Gibisnüd | 649 | 30 Min. | 3 Std. 30 Min. |
| Mülihölzli | 598 | 1 Std. 15 Min. | 2 Std. 40 Min. |
| Lützelsee | 519 | 2 Std. 30 Min. | 1 Std. 30 Min. |
| Rapperswil/Bahnhof | 409 | 3 Std. 50 Min. | — |

Von der *Hochwacht* (Näheres S. 90) zur Onkenshöhe auf dem Fussweg, später auf dem Strässchen hinab zum Wirtshaus Vorderer Pfannenstil. Den Garten queren und hinüber zur Strasse im Wald. Auf dieser und Waldpfaden zum Wegweiser «Gibisnüd». Der Name *Gibisnüd* erinnert an die Zeiten, in denen die Bewirtschaftung der umliegenden Felder, infolge der damals noch fehlenden technischen Hilfsmittel, äusserst schwierig war und die daher nur einen geringen Ertrag abwarfen.
Beim Strassendreieck erst 200 m rechts, dann links auf einem Feldweg zum Waldrand. Nun in südöstlicher Richtung durch schattigen Wald zum Türli. Hier die Strasse Männedorf-Oetwil queren und rechts über den Hügelrücken zum *Mülihölzli.* Das grosse Gebäude an der Strasse dient der Filterung des aus dem Zürichsee bezogenen Trinkwassers für die Gruppen-Wasserversorgung Zürcher Oberland. Schöne Brunnenanlage.
Die Strasse Stäfa-Oetwil überschreiten und links in den Wald. Auf der Höhe schöne Ausblicke auf den Zürichsee und die umliegenden Orte. Ruhebänke. Weiter über den Hügelrücken, immer im Wald, zum Buechstutz. Nach Queren des Strässchens hinauf an den Waldrand. Prächtige Aussicht auf den See sowie die Schwyzer- und die Glarneralpen.
Durch Waldstreifen, rechts an der Seeweid vorbei, über die Strasse Hombrechtikon-Oetwil und wieder in den Wald. Nach Verlassen desselben

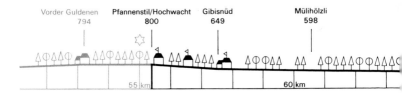

geradeaus zum Bauernhof Buen. Schöner Blick auf den Lützelsee und das Lutiker Ried. Weiter auf dem abwärtsführenden Strässchen. Bei der ersten Abzweigung links hinunter zur Strassenspinne. Von hier führt ein Fussweg übers Feld direkt zum sehenswerten Eglihaus in Lutikon. Dieser sehr schöne und stattliche Riegelbau stammt aus dem Jahre 1665 und wurde verschiedene Male mit Hilfe des Heimatschutzes renoviert.
Vor dem Haus durch und nach 100 m links gegen den Lützelsee. An der Waldecke rechts über einen Fussweg zum Aussichtspunkt Bochslenhöhe hinauf. Gebirgsanzeiger Säntis–Pilatus, Ruhebänke. Den Waldhügel queren und wieder hinunter auf das Strässchen. Nach wenigen Schritten wird der Weiler *Lützelsee* erreicht. Auch hier stehen zwei hübsche Riegelhäuser. Beide stammen aus der Zeit, da in dieser Gegend noch Rebbau betrieben wurde. Schöner Blick auf den idyllischen, seit 1966 unter Schutz stehenden Lützelsee.
Bei den letzten Häusern geradeaus und auf einem Feldweg zunächst in östlicher, dann in südöstlicher Richtung über eine aussichtsreiche Kuppe. Die Strasse Hombrechtikon–Wolfhausen queren und auf dem Strässchen zum Schwösterrain. Schöner Blick auf den Zürichsee mit den Inseln Lützelau und Ufenau, den Damm sowie die Schwyzer- und Glarnerberge. Weiter in südöstlicher Richtung auf Fusswegen und Strässchen hinunter zum Lenggis und auf der Strasse über Kempraten nach *Rapperswil* (Näheres S. 90). Der Bahnhof wird über die Obere- und die Untere Bahnhofstrasse erreicht.

Der Seedamm verbindet das ▷
st. gallische Rapperswil am Zürichsee
mit dem im Kanton Schwyz gelegenen
Pfäffikon (Route 5)

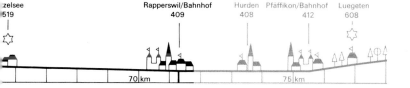

# 5 Rapperswil – Pfäffikon – Stöcklichrüz – Sattelegg

Genussreiche Wanderung vom Zürichsee hinauf in die prächtigen Schwyzer Voralpen. Leider verläuft die Route Rapperswil-Pfäffikon zum grössten Teil entlang der sehr stark befahrenen Seedammstrasse. Es besteht aber die Möglichkeit, diese Strecke mit der Bahn zurückzulegen.

| Route | Höhe in m | Hinweg | Rückweg |
|---|---|---|---|
| Rapperswil/Bahnhof | 409 | — | 4 Std. 45 Min. |
| Pfäffikon/Bahnhof | 412 | 1 Std. | 3 Std. 45 Min. |
| Luegeten | 608 | 1 Std. 35 Min. | 3 Std. 20 Min. |
| St. Meinrad | 950 | 2 Std. 40 Min. | 2 Std. 30 Min. |
| Stöcklichrüz | 1248 | 4 Std. 10 Min. | 1 Std. 20 Min. |
| Sattelegg | 1190 | 5 Std. 30 Min. | — |

Vom Bahnhof *Rapperswil* (Näheres S. 90) durch die Unterführung zum See. Dann auf dem Trottoir entlang der Seedammstrasse.
Um dem Verkehrslärm für kurze Zeit zu entrinnen, kann der kleine Umweg über *Hurden* eingeschlagen werden. Das stille Dorf besitzt eine hübsche Kapelle von 1497 mit unter Bundesschutz stehenden Wandfresken. Gaststätten.
Beim südlichen Brückenkopf im Seefeld den Fussweg hinab zum Schifffahrtskanal. Dann auf einem Gras-, später einem Feldweg längs des dicht mit Schilf bestandenen Ufers. Die zu umgehende Bucht heisst Frauenwinkel und steht unter Naturschutz. Auf dem parallel zum Bahndamm verlaufenden Kanalweg zum Bahnhof *Pfäffikon* (Näheres S. 93)
Durch die Bahnhofstrasse dorfeinwärts. Vor dem hübschen Gasthaus Sternen nach links über die stark befahrene Churerstrasse in die Schmittengasse, die in die Rebstockgasse mündet. Rechts das moderne Dorfzentrum mit dem Gemeindehaus und der neuzeitlichen St. Meinradskirche. Durch den Römerrain aufwärts. Neben dem turmgekrönten land-

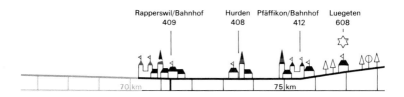

wirtschaftlichen Bildungszentrum führt ein Fussweg über den steilen, von einer Terrasse unterteilten Hang hinauf zu einem alten Bauernhaus, nahe der Autobahnüberführung. Diese überqueren und nach rechts abbiegen. Nach 100 m links und auf dem steilen Fussweg über den Wiesenhang empor zum Wald. Schöner Blick auf den Zürichsee mit den Inseln Ufenau und Lützelau, den Seedamm, Rapperswil und den Bachtel. Im Wald weiter ansteigen, dann auf dem mit Stufen versehenen Mettlenweg zum prächtig gelegenen Restaurant *Luegeten.* Nun in südwestlicher Richtung auf der Asphaltstrasse 300 m leicht aufwärts zur Gabelung am Waldeingang. Hier nimmt ein Fussweg seinen Anfang, der im Wald durch eine Hohle ansteigt, die grosse Strassenkurve abschneidet und weiter im Wald zur ausgedehnten Lichtung von Erli hinaufführt. Nahe bei Pt. 725 wird die Strasse wieder betreten. Auf dieser geradeaus, rechts am Wasserreservoir von Pfäffikon vorbei, zur Strassenverzweigung oben am Waldrand. Dem mittleren Weg folgen und in südlicher Richtung durch den Wald. Unterwegs origineller Brunnen aus zwei Steinblöcken, Feuerstelle, Ruhebank. Nach Überwindung von mehreren Kehren werden die Kapelle und das Gasthaus *St. Meinrad* (Näheres S. 93) am Etzelpass erreicht. Das Gasthaus ist zur Zeit wegen Renovationsarbeiten geschlossen. Das Datum der Wiedereröffnung ist noch unbekannt.
Am Gasthaus und der Kapelle vorbei und auf dem Strässchen in östlicher Richtung bis zum Bauerngut Hof. Hier links abzweigen und über Wiesen schräg hinauf an den Waldrand. Nach 200 m rechts, den riedigen Boden queren, zunächst leicht, dann in der Flanke des Eggli steiler ansteigend zum schön gelegenen Naturfreundehaus Sonnenberg. Nun links, auf dem Grat bergan, durch die schmale Waldlichtung der *Müligassegg* zur Wissegg und über Weiden hinauf zum bekannten Aussichtspunkt *Stöcklichrüz.* Weit hinaus gleitet der Blick, über die Abdachung der Höfe und der March zum Zürichsee, zu den Höhen des Zürcher Oberlandes und des Gasterlandes bis hin zum Säntis. Im Süden erheben sich majestätisch die Gipfel des Wägitales und des Glarnerlandes.
In südlicher Richtung über die Weide hinunter zum Alpweg und am Wald-

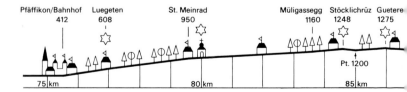

rand über den Grat hinauf zur *Gueteregg.* Auch hier wieder prächtige Aussicht. Bergwirtschaft.
Weiter in östlicher, später südöstlicher Richtung über Weiden hinunter, an der Alphütte Rindereggli vorbei in den Wald. Hier wird schon bald ein mässig ansteigendes Strässchen betreten, das unterhalb des Rinderweidhorns in die nach der *Sattelegg* hinab führende Militärstrasse einmündet. Der Einsiedeln mit Vorder-Wägital verbindende Passübergang liegt in der breiten Einsattelung zwischen dem Rinderweidhorn im Norden und den Aubergen im Süden. Gasthaus.

Auch künstliche Seen besitzen ihren ▷
Reiz: am Wägitalersee
(Routen 6 und 7)

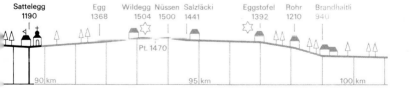

# 6 Sattelegg-Eggstofel-Innerthal

Schöner Übergang von der Sattelegg ins Wägital.

| Route | Höhe in m | Hinweg | Rückweg |
|---|---|---|---|
| Sattelegg | 1190 | – | 4 Std. |
| Wildegg | 1504 | 1 Std. 15 Min. | 3 Std. |
| Salzläcki | 1441 | 1 Std. 40 Min. | 2 Std. 35 Min. |
| Eggstofel | 1392 | 2 Std. 15 Min. | 2 Std. |
| Brandhaltli | 940 | 3 Std. 10 Min. | 35 Min. |
| Innerthal/Post | 908 | 3 Std. 40 Min. | – |

Von der *Sattelegg* in südlicher Richtung über den breiten Rücken zur Hinter Sattelegg. Links an der Alphütte von Schwanten vorbei und durch ein Waldtälchen hinauf zur *Egg.* Nun über den Grat in die Westflanke des Chli Aubrig. Ein Alpweglein führt weiter zur Hütte von *Wildegg.* Herrlicher Blick auf die Berge des Wägitals und des Hoch-Ybrig.
In östlicher Richtung über den Grat in den Sattel. Den breiten Rücken queren und dann in lichtem Wald bergan gegen den *Nüssen.* Beim Weiddurchlass nach rechts zum Grat und über diesen hinunter zur *Salzläcki.* Nun nach links wenden und am Osthang des Nüssen fast ebenwegs zum Grat der *Eggstofel.* In östlicher Richtung abwärts, zunächst auf dem Grat, dann durch einen Waldstreifen. Kurz vor dem Waldausgang scharf nach rechts halten, über die Weiden von *Rohr* hinab und im Wald auf steilem Fussweg zum Weiler *Brandhaltli.* Ganz unvermittelt steht man über dem entzückenden Wägitalersee. Im Norden zeigt sich, flankiert vom jäh aufragenden Gross Aubrig, die durch eine Staumauer abgeschlossene Talenge. Am gegenüberliegenden Ufer die Häuser von Innerthal. Dahinter die zahlreichen Gipfel Bockmattli, Zindelspitz und Mutteristock.
Vom obersten Bauernhaus des Brandhaltlis links hinunter zum Seesträsschen. Auf diesem rechts an der Jugendherberge vorbei, über die Staumauer und auf der Asphaltstrasse nach *Innerthal* (Näheres S. 94).

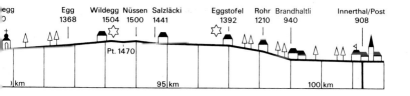

# 7 Innerthal–Schwialppass–Vorder Richisau

Schöne Passwanderung vom Wägital ins Klöntal.

| Route | Höhe in m | Hinweg | Rückweg |
|---|---|---|---|
| Innerthal/Post | 908 | — | 4 Std. 10 Min. |
| Aberen | 1086 | 1 Std. 50 Min. | 2 Std. 30 Min. |
| Schwialppass | 1573 | 3 Std. 15 Min. | 1 Std. 30 Min. |
| Vorder Richisau/Post | 1120 | 4 Std. 20 Min. | — |

Von *Innerthal* (Näheres S. 94) zum oberen Ende des *Wägitalersees*. Hierbei kann entweder die Asphaltstrasse am rechten Seeufer über Blattli oder das weniger befahrene, aber ebenfalls mit Hartbelag versehene Strässchen am linken Ufer über Brandhaltli–Au (Bergwirtschaft) benutzt werden. Für letzteres müssen zu den oben angegebenen Zeiten 15 Minuten hinzu gerechnet werden.
Am Seeende die Strasse verlassen und auf den Alpweg, der im Wald längs des Aberenbaches nach *Aberen* hinaufführt. Nun in südwestlicher Richtung über Alpweiden und durch einen Waldstreifen in die Flanke der Firsten. Schöner Blick zurück auf den Wägitalersee und die ihn umgebenden Berge. Oberhalb *Berghubel* über den Bach und auf dem im felsigen Gelände bergwärts führenden Fussweg zur Passhöhe. Der zwischen Wänifirst/Gantspitz und Wannenstöckli liegende *Schwialppass* bildet den kürzesten Übergang vom Wägital ins Klöntal und zum Pragelpass.
Unmittelbar nach der Passhöhe links halten und fast ebenwegs zur *Brüschalp* (Bergwirtschaft). Schöne Aussicht auf die östlichen Sihltalerberge, die Silberen und in die Glarnerberge. Nun in südlicher Richtung, zunächst über Weiden und durch lichten Wald, an der Hütte von *Burstrain* vorbei. Dann steil abwärts und im von mehreren Bächen durchflossenen Wald hinunter zur Pragelstrasse. Auf dieser über Hinter- nach *Vorder Richisau* (Näheres S. 95). Gasthaus, Postautoverbindung mit Glarus.

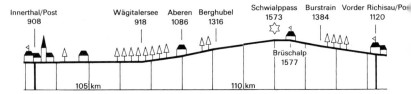

# 8 Vorder Richisau – Klöntalersee – Schwammhöchi – Glarus

Abwechslungsreiche Wanderung durch das wunderschöne Klöntal und über die aussichtsreiche Schwammhöchi hinaus nach Glarus.

| Route | Höhe in m | Hinweg | Rückweg |
|---|---|---|---|
| Vorder Richisau/Post | 1120 | – | 5 Std. |
| Blätz | 853 | 40 Min. | 4 Std. |
| Klöntalersee/ Gessner Denkmal | 852 | 1 Std. | 3 Std. |
| Schwammhöchi | 1100 | 2 Std. 45 Min. | 2 Std. 10 Min. |
| Vorder Saggberg | 909 | 3 Std. 15 Min. | 1 Std. 30 Min. |
| Glarus/Bahnhof | 472 | 4 Std. 20 Min. | – |

Von *Vorder Richisau* (Näheres S. 95) auf der Strasse bis unterhalb Schwändeli. Dann rechts über eine Abkürzung die grosse Rechts- und Linkskurve abschneiden und wieder auf die Strasse. Nach 600 m rechts über einen Wiesenpfad, am hübschen Bergkirchlein vorbei hinunter auf das von Vorauen herkommende Strässchen und rechts zum Gasthaus *Blätz*. Weiter in gleicher Richtung. Nach 150 m links über die Chlü, an den am Saum einer Lichtung stehenden Ferienhäusern vorbei in den Steppelwald. Nun links auf den hier beginnenden Fussweg. Dieser verläuft vorwiegend im Wald, gewährt aber dennoch zahlreiche herrliche Ausblicke auf den *Klöntalersee* (Näheres S. 96) und die ihn flankierenden Berge. Zur Rechten steigen die schroffen Wände des Glärnischmassivs gegen den

◁ Stadtkirche von Glarus und Vorderglärnisch (Routen 8 und 9)

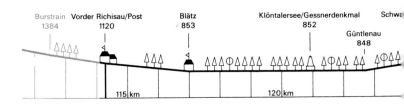

Himmel. Bei den Wissen Brünnen kommen sie so nahe ans Wasser, dass der Weg in die Felsen gehauen werden musste. Beim Bärentritt wird eine Felsnase überschritten. Kurz darauf gelangt man zum sogenannten *Gessner Denkmal.* Hier haben zwei Verehrer des Idyllendichters Salomon Gessner (1730-1788) eine Inschrift in einen Steinblock gemeisselt. Unmittelbar vor dem Zeltplatz *Güntlenau* geht der Fussweg in eine Strässchen über. Auf diesem bis zur Staumauer am See-Ende. Schöner Blick zurück über den fjordähnlichen Klöntalersee.

Nun in spitzem Winkel auf dem von Rhodannenberg herkommenden Strässchen 100 m bergan. Dann links abzweigen und über einen Fussweg durch schönen Wald aufwärts. Nach einigen Schleifen mündet der Pfad in das direkt zur *Schwammhöchi* führende Strässchen. Vom prächtig gelegenen Berggasthaus herrliche Aussicht auf den Klöntalersee und den ihn umgebenden Kranz der Berge.

Von der Schwammhöchi auf dem ostwärts führenden Waldsträsschen zum Glarner Ferienheim. Hier die Strasse verlassen, rechts am Ferienheim vorbei über die Weide und im Wald in südöstlicher Richtung bergab zur Saggbergstrasse. Auf dieser zum *Vorder Saggberg.* Nun scharf rechts halten, die Weide queren und im Wald über den zuerst mässig, dann stark abfallenden Stotzigen nach Unter Sagg. Weiter auf der Strasse in östlicher Richtung über Widen, Bleiche an den Stadtrand, am Schützenhaus vorbei auf den Rathausplatz und zwischen Gemeindehaus und Volksgarten zum Bahnhof *Glarus* (Näheres S. 97).

# 9 Glarus – Schwanden – Elm

Unbeschwerliche Wanderung aus der Talsohle von Glarus, ab Schwanden immer leicht ansteigend nach Elm, das wiederum in ebenem Gelände liegt.

| Route | Höhe in m | Hinweg | Rückweg |
|---|---|---|---|
| Glarus/Bahnhof | 472 | — | 5 Std. |
| Mitlödi | 504 | 1 Std. | 4 Std. |
| Schwanden/Station | 521 | 1 Std. 30 Min. | 3 Std. 25 Min. |
| Matt | 847 | 4 Std. 10 Min. | 1 Std. |
| Elm/Post | 977 | 5 Std. 20 Min. | — |

Vom Bahnhof *Glarus* (Näheres S. 97), vor welchem sich der Volksgarten mit seinen interessanten Bäumen und Pflanzen aber auch das Kunsthaus befindet, durch den Park und über die Linthbrücke nach Ennenda. Hier befindet sich die 1774 errichtete und gut restaurierte Kirche mit überaus reichen Rokokostukkaturen, daneben einige bemerkenswerte Häuser. Von hier aus den mit einem eigenen Signet versehenen «Fridliweg» benützen, welcher bei der Kantonsgrenze beginnt und bis nach Linthal führt. Unterwegs fallen die alten Hängetürme aus dem letzten Jahrhundert auf, wo die in der ganzen Welt bekannten Batiktücher zum Trocknen aufgehängt wurden. Zahlreich sind die Textilfabriken mit ihren Einrichtungen, spielte diese Industrie doch für den Kanton Glarus eine bedeutende Rolle.

Vom Wegweiser mit dem Bild des Kantonsheiligen Fridolin auf bald leicht auf- und absteigendem Pfad in Richtung Mitlödi. Die Hügel und Mulden sind durch einen vorgeschichtlichen Bergsturz entstanden, so dass hinter Schwanden damals ein See entstand. In *Mitlödi,* «mitten in der Einöde», prächtige aus dem Jahr 1725 stammende protestantische Kirche.

Die Wanderung führt weiter gegen Schwanden, wo der Weg kurz vor der Ortschaft unter der Bahnlinie durch zum Linthufer führt. Just gegenüber

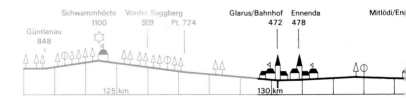

liegt auf einem Hügel die Burgruine Benzigen, von der jedoch kaum etwas zu sehen ist.
Eine weitere Burgruine mit spärlichen Mauerresten steht bei der Ortschaft Sool, die oberhalb von Schwanden liegt.
*Schwanden* befindet sich bei der Einmündung des Sernf in die Linth. Der Ort wird von der Industrie geprägt. Sehenswert sind die reformierte Kirche von 1350, die neue katholische Kirche aus dem Jahre 1973, Bürgerhäuser aus der Biedermeierzeit und der Neurenaissance. Beim Schulhaus steht der «Frau-Holle-Brunnen», ein weiterer Brunnen erinnert an die konfessionell getrennten Landsgemeinden von 1623 bis 1837. In Schwanden tagten die Reformierten.
Am Bahnhof vorbei und über die Sernfbrücke an den Fuss des Gandberges. Hier ins recht tief eingeschnittene Sernftal einschwenken. Der rund 15 km lange Wanderweg hat seinen Namen von einem historischen Ereignis erhalten, das bei den Leuten bis heute unvergessen blieb: Suworowweg. Der russische Heerführer Suworow hat im Oktober 1799 von Italien her die Alpen überschritten und ist bis zum Vierwaldstättersee vorgedrungen. Die Franzosen hatten alle Schiffe weggebracht und leisteten zudem heftige Gegenwehr, so dass Suworow über Kinzig- und Pragelpass nach Glarus ausweichen musste, um anschliessend über den Panixerpass ins Vorderrheintal zu gelangen. Der Feldzug erfolgte unter unmenschlichen Strapazen, wobei viele der Russen ihr Leben verloren. Suworow folgte dem heutigen Wanderweg nach Elm, und der Wanderer wird immer wieder an jene schrecklichen Tage zurückdenken. Aber, was noch bis zum Bau der neuen Strasse (Fertigstellung 1853) als «...mit Gefahr, den Hals zu brechen, denn der Weg klebt rau und steinig am Felsen...» beschrieben wurde, gilt heute als romantisch.
Der Weg dringt in die grüne Schlucht des Sernf und führt auf der Südseite des Flusses durch die Wälder leicht empor zum Soolsteg. In südöstlicher Richtung weiter, nun teilweise auf offenem Wiesengelände, an den verstreuten Gehöften von Wartstalden vorbei zur ansehnlichen Ortschaft *Engi*. Schon erblickt man den Piz Signas, der sich östlich des gleichnami-

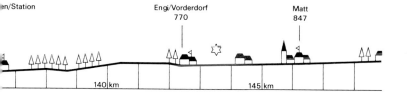

gen Passes erhebt. In Engi auf die andere Talseite wechseln und bis Engi Hinterdorf die Hauptstrasse benützen, wo der Sernf wieder überschritten wird. Engi galt bis nach 1950 als Ort, wo der «Sernftaler Marmor» gewonnen wurde. Diese Schieferplatten fanden den Weg in die ganze Schweiz und darüber hinaus in andere Länder.
Der Talboden ist nun eben geworden. Durch Wiesen, und dann über die Brücke nach *Matt,* wo die älteste Kirche des Kantons steht.
Der Ort ist seit 700 Jahren bekannt und spielte in der Geschichte des Kleintals eine wichtige Rolle. Einige Flurnamen lassen erkennen, dass hier einst romanische Leute aus Rätien angesiedelt waren.
Während die Hauptstrasse nun auf die linke Flussseite übersetzt, folgt der Wanderweg rechts des Sernf bis zur Britternbrücke. Diese rechts liegen lassen und über Schwändi und Untertal weiter nach Elm gelangen. Bei Untertal liegt ein grosser Felsblock, ein Überrest des Bergsturzes von 1881. Nun über die Sernfbrücke und wenige Schritte auf der Talstrasse zu den ersten Häusern von *Elm* (Näheres S. 98).

Das Suworow-Haus in Elm ▷
im hinteren Sernftal (Routen 9 und 10)

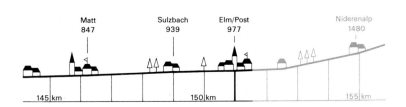

Kantone Schwyz und Glarus: Rapperswil–Flims

# 10 Elm–Segnaspass–Flims

Die Überschreitung des Segnaspass von Elm nach Flims ist anstrengend und setzt einige Bergerfahrung voraus. Sie sollte nur bei guten Wetterbedingungen durchgeführt werden und auch die Ausrüstung muss derart sein, dass der Wanderer für «alle Fälle» gerüstet ist.

| Route | Höhe in m | Hinweg | Rückweg |
|---|---|---|---|
| Elm/Post | 977 | – | 7 Std. 45 Min. |
| Niderenalp | 1480 | 1 Std. 30 Min. | 6 Std. 40 Min. |
| Segnaspass | 2627 | 5 Std. 15 Min. | 4 Std. 40 Min. |
| Camona da Segnas | 2102 | 6 Std. 30 Min. | 3 Std. |
| Flims/Post | 1070 | 8 Std. 40 Min. | – |

In *Elm* (Näheres S. 98) beginnt der Aufstieg zum Segnaspass, der auf der andern Bergseite, wo romanisch gesprochen wird, Pass dil Segnas heisst. Um diesen Pass winden sich verschiedene alte Sagen, die beispielsweise von Viehraub in alten Zeiten erzählen. Auch mit dem Riesenfenster in den Tschingelhörnern, die bis zur Passhöhe heranreichen, ist eine Sage verbunden. Sie erzählt vom 19 Meter hohen Martinsloch, das der Heilige Martin geschaffen haben soll, als er einem Riesen seinen Hirtenstab nachwarf, jedoch die Felswand traf.
Von der Post Elm zuerst talwärts und über die Sernfbrücke nach Untertal, über den ebenen Boden hinüber zur Brücke über den Raminer Bach, wo bei Geren der eigentliche Aufstieg beginnt. Erst über freies Gelände, dann durch den Wald in die wilde Tschingelschlucht. Ein schmaler Fusspfad führt durch die Felsen; rechts in der Tiefe rauscht geheimnisvoll der Tschingelbach. Die Szenerie zeigt eine seltene Urwüchsigkeit; das Landschaftsbild wird durch die Felswände, die Tannen und Laubbäume geprägt und manchmal zweifelt man an der Begehbarkeit des Geländes. Auf der *Niderenalp* wird das Tal weiter. Hier stehen Hütten, die im Sommer besiedelt sind.

Wer diese 450 m Höhenunterschied umgehen möchte, kann auch die Seilbahn benützen, die von Geren zur Alp emporführt. Diese fährt jedoch nur an Samstagen und Sonntagen (Juni bis September) und es ist notwendig, sich für die Fahrt anzumelden. Auf der Niderenalp befindet sich eine Schutzhütte, die während der Sommermonate bewirtet ist.

Der Weiterweg führt sehr steil und mühsam durch eine ausgeprägte Buckelwelt hinauf nach *Biflen* und Brüschegg. Am Südfuss des 2396 m hohen Mörder den Steilaufstieg der *Brüschegg* wählen. Hier windet sich der Pfad in zahllosen Kehren zum Täli empor. Beim ausgeprägten Punkt 2239 den Bach überschreiten und zu einem Geländeausläufer, der vom Pass herunterreicht, ansteigen. In östlicher Richtung hinauf zur Höhe des Segnaspasses, die zugleich auch die Kantonsgrenze zwischen Glarus und Graubünden bildet. Auf dem schmalen und felsigen Grat prächtiger Ausblick: Im Westen die Glarner Berge und in der Tiefe, weit unten, einige der Häuser von Elm, des Ausgangspunktes dieser Wanderung, im Osten die Berge Mittelbundens, viele Spitzen, deren Namen kaum auszumachen sind. Die nun zu durchstreifenden Gebiete sind weitgehend romanisches Land, wo die vierte Landessprache gesprochen wird, auch die Berg- und Ortsnamen sind rätoromanisch, so dass der Anderssprachige oft Mühe hat, diese auszusprechen.

Der Abstieg zum ebenen Boden Segnas Sut ist nicht leicht zu bewältigen, besonders im Frühsommer, wenn in der Höhe noch Schnee liegt. Dann kann es geschehen, dass jemand Stufen schlagen muss (meist sind solche bereits vorhanden). Man hält sich mit Vorteil links an den Felsen und findet die Spuren, die nach unten leiten. Vorsichtig, um nicht ins Rutschen zu kommen, gelangt man in ebenere Regionen, das Gelände wird zusehends zahmer, bis man erleichtert auf dem ebenen und von zahlreichen Bächen durchflossenen Alpboden *Segnas Sut* steht. Nach dem lebhaften Auf- und Abstieg erscheint die zwischen Felswänden gelegene Landschaft äusserst ruhig und friedlich, besonders wenn hier eine weidende Viehherde angetroffen wird.

Am Ende des Bodens befindet sich eine Felsbarriere und rechts, unweit

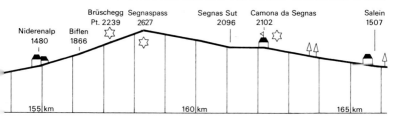

# Kantone Schwyz und Glarus: Rapperswil-Flims

davon die Segnashütte, die bewirtet ist. Von dieser Stelle aus geniesst man eine umfassende Aussicht auf die Berge des unteren Vorderrheintals und Mittelbündens. In Richtung des Lugnez erhebt sich die Signinagruppe, es folgt das Safiental und dann dehnt sich das weite Gebiet am Hinterrhein und an der Albula aus.

Von der Segnashütte, auf der Landkarte *Camona da Segnas* genannt, führt ein guter Weg hinunter nach Flims, dem Kurort, der in den letzten Jahrzehnten einen gewaltigen Aufschwung erlebt hat. Erst geht es über Weiden, dann durch blühende Wiesen und einen dunklen Wald zu den Häusern von *Flims* (Näheres S. 99).

Segnas Sut, Segnaspass und ▷
Tschingelhörner (Route 10)

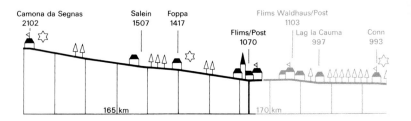

Mittelbünden: Flims–Bivio   Karten 3 + 4

# 11   Flims–Reichenau–Scharans

Diese Wanderung führt aus der alpinen Region hinunter zum Zusammenfluss der beiden Rheine und folgt anschliessend dem Hinterrhein ins Domleschg, wobei Landschaften von grösster Schönheit betreten werden. Eine ganze Anzahl historischer Stätten bereichert das Wandererlebnis.

| Route | Höhe in m | Hinweg | Rückweg |
|---|---|---|---|
| Flims/Post | 1070 | — | 7 Std. 20 Min. |
| Reichenau/Station | 604 | 3 Std. 20 Min. | 3 Std. 30 Min. |
| Rothenbrunnen | 625 | 5 Std. 15 Min. | 1 Std. 40 Min. |
| Leg da Canova | 777 | 6 Std. 10 Min. | 50 Min. |
| Scharans/Post | 766 | 7 Std. | — |

Vor 100 Jahren war Flims (Näheres S. 99) ein stattliches Bauerndorf, umgeben von schönstem Wiesland und am Rande eines der grössten Wälder Graubündens. In diesem Wald, wo einige anmutige kleine Seen liegen, wurde der Kurort Flims Waldhaus gegründet, welcher sich zu einem der Bedeutendsten des Kantons entwickelte.

Von der Post *Flims* (Näheres S. 99) zuerst nach Flims Waldhaus am Rande des Flimserwaldes, der sich auf der riesigen Bergsturzmasse ausdehnt (Flimser Bergsturz), die in der letzten Zwischeneiszeit zu Tale rutschte und als grösster Bergsturz Europas gilt. Bei der Post in *Flims Waldhaus* in den Weg einbiegen, der zum *Lag la Cauma* hinunterführt (Lag = See). «Der Märchensee» im Wald besitzt weder Zu- noch Abfluss. Hier den Wegweisern folgen, welche das Zusatzschild «Senda Sursilvana» tragen (zusammenhängende Wanderung vom Oberalppass bis Chur).

Der Weg folgt durch den eindrücklichen Wald zur Lichtung *Conn.* Prächtiger Tiefblick in die Rheinschlucht. Hier treten die Wände und bizarren Türme aus weissem Malm zutage, und unten in der Tiefe rauscht der

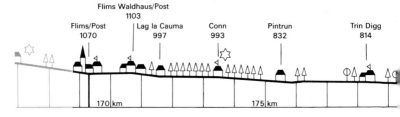

Rhein. Auch das Trassee der Rhätischen Bahn in Richtung Ilanz und Disentis ist erkennbar. In Conn durch den Uaul Stgir (dunkler Wald) leicht abwärts zum kleinen Weiler *Pintrun*. Die wenigen Häuser waren bis vor 80 Jahren ganzjährig bewohnt. Weiter unten beim kleinen Stauwehr den Bach Flem queren und unweit davon (Wegweiser) durch den Wald zu den Wiesen Manalla und Sax emporsteigen, von wo ein guter Feldweg nach *Trin Digg* führt. Hier stehen typische Bauernhäuser, wie man solchen im ganzen Gebiet des Vorderrheins begegnet. Beim Verlassen dieses Dorfes erblickt man die Ortschaft Trin, überragt von der Burgruine Hohentrins. Der Wanderweg folgt dem Fusse des Burghügels und erreicht bei Valarauscha die Strasse nach Flims. Ein Stück weit der Strasse folgen, dann aber rechts in den Wanderweg einschwenken, welcher über den Lavoi Bach nach dem hablichen Dorf *Tamins* führt. Tamins ist Ausgangsort zum Kunkelspass nach Vättis und bei Bauarbeiten wurden Gräber aus der Bronze- und Römerzeit entdeckt.

Nun zur Bahnstation *Reichenau-Tamins* absteigen, vorbei am stattlichen Schloss Reichenau und dann über die Eisenbrücke, den Rhein querend, zum Bahngelände. Durch die Bahn-Unterführung neuerdings in den Wanderweg einschwenken und weiter zur Stelle, wo der Zusammenfluss der beiden Rheine sehr gut gesehen wird. Zwischen dem Schloss Reichenau und dieser Stelle fand im Mai 1799 ein heftiges Gefecht zwischen den Franzosen und den Bauern der Surselva statt, wobei letztere rund 700 Leute verloren.

Der Weg folgt nun dem Hinterrhein, steigt leicht empor, und mündet in das Strässchen, welches nach Rothenbrunnen führt. Der Rhein ist bis dorthin kaum angetastet und weist grosse intakte Auen auf, welchen die N 13 durch einen Tunnel aus dem Wege ging. Rechts über dem Rhein erhebt sich auf einem Hügel die uralte Kirche Sogn Gieri, die mit interessanten Fresken geschmückt ist, und weiter südlich das Schloss Rhäzüns, das in der Geschichte Bündens eine nicht unwichtige Rolle gespielt hat. Das Strässchen ist im letzten Weltkrieg von internierten Polen gebaut worden.

Beinahe ebenwegs geht es weiter nach *Rothenbrunnen,* das seinen Namen von einer Mineralquelle erhalten hat. Beim Verlassen der Ortschaft ein Stück weit über die Talstrasse emporsteigen. Beeindruckender Ausblick auf das auf einem Felsen thronende Schloss Ortenstein, das noch bewohnt ist, und welches die ganze Umgebung prägt.
Bei der ersten Kurve nach dem Bach links abschwenken und über eine Wegabkürzung hinauf nach *Tumegl/Tomils.* Hier dem alten Talweg, der sich durch das ganze Domleschg hinzieht, folgen. Tomils besitzt verschiedene sehr alte Häuser. Den Ort im Süden verlassen und das Strässchen benutzen, das immer recht hoch über der Talsohle verläuft. Rechterhand, auf einem Hügelrücken stehend, eine der ältesten Kirchen im Tal, Sogn Luregn, unweit davon das Dorf Paspels mit der eindrücklichen Burgruine Alt Sins und darüber der imponierende Piz Beverin, welcher das ganze Tal beherrscht. Über dem Rhein, also westlich, ziehen sich die Hänge des Heinzenbergs empor, von zahlreichen Bauerndörfern übersät.
Unvermittelter Ausblick auf den See *Leg da Canova,* der wie ein Kleinod in einer Mulde liegt und vom runden Turm der Ruine Neu Sins überragt wird. Etwas auf-, dann wieder absteigend, immer durch eine reiche Vegetation, nach *Almens* mit seinen zwei Kirchen und schönen alten Bauernhäusern.
Nach diesem Strassendorf auf dem alten Talweg weiter nach Scharans. Unten in der Talsohle Fürstenau, mit seinen zwei grossen Schlössern, die einst dem Churer Bischof gehörten. Damals war Fürstenau eine «Stadt», ausgestattet mit Mauer, Stock und Galgen.
Das Klima im Domleschg ist sehr günstig, so dass hier vor 100 Jahren Maulbeerbäume für die Seidenraupenzucht angepflanzt wurden. Noch heut können wir solche Bäume sehen.
*Scharans* muss als Etappenziel angesehen werden. Übernachtungsmöglichkeiten gibt es in Fürstenaubruck und in Thusis, das mit der Autopost leicht zu erreichen ist.

Schloss Ortenstein bei ▷
Rothenbrunnen (Route 11)

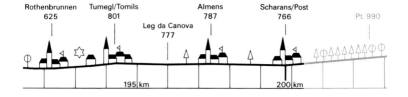

## 12 Scharans-Muldain-Tiefencastel

Vom Domleschg führt die Wanderung auf der Sonnenseite der Schin-Schlucht hinauf nach Muldain und dann wieder abwärts nach Tiefencastel, das als Drehscheibe Graubündens betrachtet werden kann. Unterwegs interessante Einblicke in die vielfältige Pflanzenwelt und in die interessante Geologie.

| Route | Höhe in m | Hinweg | Rückweg |
|---|---|---|---|
| Scharans/Post | 766 | — | 3 Std. 45 Min. |
| Muldain | 1210 | 2 Std. 10 Min. | 2 Std. 10 Min. |
| Nivagl | 1035 | 2 Std. 40 Min. | 1 Std. 20 Min. |
| Tiefencastel/Station | 855 | 3 Std. 50 Min. | — |

Weil *Scharans* seit jeher von Feuersbrünsten verschont blieb, hat sich ein charaktervolles Dorfbild erhalten, mit alten, teilweise mit Dekorationen versehenen Steinhäusern. Der Ort scheint bereits zur Zeit Roms bekannt gewesen zu sein, es wurden römische Münzen gefunden. Die spätgotische Kirche stammt aus dem Jahre 1490; hier predigte der umstrittene Jürg Jenatsch. Scharans ist dank seiner geschützten Lage sehr fruchtbar und bietet vom Dorf aus eine prächtige Aussicht: hinüber zum Heinzenberg mit dem Piz Beverin (3000 m) und zum Eingang zur Viamala.

Bis zum Jahre 1869, als die Strasse durch die Schinschlucht eröffnet wurde, stand Scharans am Aufgang zum alten Schin-Weg, der während Jahrhunderten die Verbindung zwischen dem Domleschg und dem Albulatal herstellte. Heute ist dieser Weg zum Wanderweg geworden.

Beim Südausgang des Dorfes den breit angelegten, leicht ansteigenden Waldweg einschlagen, der über Duven und Fontaniblas führt, wobei durch die schönen Waldungen die Höhe von 1000 m erreicht wird. Die Vegetation ist dank der äusserst geschützten Lage sehr üppig. Hier sind Pflanzenarten anzutreffen, die sonst in dieser Höhenlage nicht mehr gedeihen.

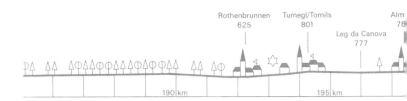

Rückwärts liegt tief unten an der Albula die romantische Burgruine Campell und weiter im Hintergrund das Felsennest Hohenrätien mit der Johanniskirche. Rechts geht es äusserst steil hinunter zum Talfluss Albula, etwas höher als dieser führen die neue Strasse und die Rhätische Bahn vorbei, welche dem alten Albula-Weg jegliche Bedeutung weggenommen haben. Der «Alte Schin» gewinnt dagegen als Wanderweg zunehmend an Romantik. Links ragen Steilwände auf, und die Bäche bereiten nach Regengüssen nicht selten ein beschwerliches Übersteigen. Unterhalb der Felsspitze Sgramas musste eine Schieferwand sogar mittels eines Tunnels überwunden werden. Seltsame Felsformationen wechseln nun mit interessanter Pflanzenwelt, besonders beim Eindringen in die Schlucht Val da Peurs, wo die verschiedensten Vogelarten beobachtet werden können. Beim Weideboden *Plam Pedra Purtgera* wird die Landschaft lieblicher. Nun durch das Wiesengelände bei Muldain ansteigen, wo eine einfache Kapelle steht. Umfassender Rundblick über Schin und Albula und in die Tiefe der Schinschlucht, wo weit unten die Züge der RhB vorbeidonnern.

Beinahe ebenwegs in wenigen Minuten zur Fraktion *Muldain,* das zur ausgedehnten Gemeinde Obervaz gehört (Lenzerheide zählt dazu). Sehenswert sind das bekannte Junkerhaus, das 1694 erbaut wurde und das als Beispiel eines Bündner Herrenhauses gilt. Darin befindet sich eine Wirtschaft. Noch weit älter ist das Haus Kessler-Bergamin, ganz unten im Dorf, welches 1978 restauriert wurde und verschiedene Bauepochen zeigt, von der Gotik bis zum letzten Jahrhundert; vielleicht reicht es in seinen ältesten Teilen bis ins Frühmittelalter zurück.

Bei den ersten Häusern von Muldain in die Landstrasse absteigen und dieser bis zu den wenigen Häusern von *Nivagl,* das am Rande des Baches Rain digl Lai liegt, folgen. Kurz nach der Brücke ragt rechts der Strasse ein spitzer Hügel auf mit dem Namen Nivagl; Ausgrabungen der letzten Jahre lassen vermuten, dass die berühmten Freiherren von Vaz hier ihre Stammburg hatten. Nivagl war Jahrhundertelang die grosse Drehscheibe Bündens. Hier trafen sich die Wege von Chur über die Lenzerheide, der

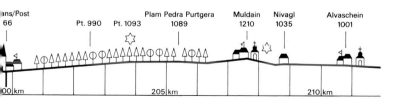

Weg vom Domleschg herauf, die Route vom Albulapass und von Davos her, und führten in Richtung der grossen Alpenpässe Julier und Septimer weiter. Aber auch die alte Route über Mutten ins Schams nahm hier ihren Anfang. Über einen Feldweg weiter zur Ortschaft *Alvaschein,* einem typischen Bauerndorf und in gleicher Richtung weiter bis zur Stelle, wo die ehemalige Landstrasse die neue Talstrasse kreuzt (Überführung). Hier zweigt rechts ein Weg ab, der zur alten Kirche *Mistail* führt, ein aus dem 8. Jahrhundert stammendes karolingisches Gotteshaus mit den typischen drei Apsiden jener Zeitepoche. Mistail, zu dem einst ein Kloster gehörte, ist fachgerecht restauriert worden.

Vom Kirchlein Mistail führt der Wanderweg ostwärts zur Bahnstation *Tiefencastel* (Näheres S. 100), die etwas erhöht über der Ortschaft steht. Galt während über 1000 Jahren der kleine Weiler Nivagl als die grosse Kreuzung Rätiens, hat seit 1869 (Strasse) und 1903 (RhB) Tiefencastel diese Rolle übernommen.

Der Zusammenfluss von Hinter- ▷
und Vorderrhein bei Reichenau
(Route 11)

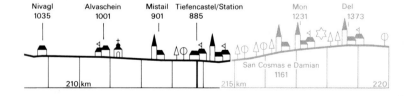

Mittelbünden: Flims–Bivio

# 13 Tiefencastel–Salouf–Savognin

Nach der kurzen Teilstrecke der Albula entlang, führt die Wanderung ins Tal der Julia, jedoch nicht der Talsohle folgend, sondern über die Terrasse, wo die einmalige Rundsicht überrascht. Der Weiterweg ins Oberhalbstein bietet weitere Naturschönheiten.

| Route | Höhe in m | Hinweg | Rückweg |
| --- | --- | --- | --- |
| Tiefencastel/Station | 885 | — | 3 Std. 10 Min. |
| Mon | 1231 | 1 Std. 10 Min. | 2 Std. 20 Min. |
| Salouf | 1258 | 2 Std. | 1 Std. 30 Min. |
| Riom | 1257 | 3 Std. | 35 Min. |
| Savognin/Post | 1210 | 3 Std. 25 Min. | — |

*Tiefencastel* (Näheres S. 100) liegt nahe beim Zusammenfluss der beiden Flüsse Albula und Julia. Sowohl im Tal der Albula (Alvra), wie an der Julia (Gelgia) wird rätoromanisch gesprochen, und zwar im Idiom Mittelbündens. Es ist nicht uninteressant, die Bedeutung und Herkunft der zahlreichen Orts- und Flurnamen kennen zu lernen, die in grosser Zahl aus vorgeschichtlicher Zeit stammen.
Während die Hauptstrasse von Tiefencastel auf der rechten Seite der Julia ins Tal führt, folgt der Wanderweg der alten Route zum Julier- und Septimerpass der linken Seite und steigt vorerst nach Mon empor, um von dort zu den Ortschaften des Oberhalbsteins zu gelangen. Der «Stein», das ist die enge felsige Schlucht, welche das Tal im Norden abschliesst. Romanisch nennt sich das Oberhalbstein «Surmeir» (ob der Mauer). Das Strässchen, das von Tiefencastel nach Mon hinaufsteigt, ist nur teilweise mit Hartbelag versehen und verkehrsarm. Verschiedentlich führen Abkürzungen nach aufwärts, besonders nach der zweiten grossen Kurve, wo der Pfad über Tgavadeira und Nantreras bis unweit des Dorfes Mon führt.

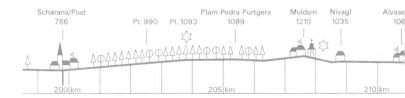

Bevor das Dorf erreicht wird links in den Feldweg einschwenken, der zur uralten Kirche *San Cosmas e Damian* hinunterführt. Dieses Kirchlein steht verlassen am Abhang. Von hier aus ist eine geruhsame Rundsicht zu geniessen. Dieses Gotteshaus steht an der einstigen berühmten Strasse zu den Pässen. Es handelt sich um eine vorromanische Anlage, die aber erst am Ende des 13. Jahrhunderts erwähnt wird. Der eindrückliche Turm ist später in romanischer Art erstellt worden, im Kircheninnern finden sich Fresken aus der Zeit um 1500.

Im Bauerndorf *Mon* befinden sich behäbige Bündner Steinhäuser und am unteren Dorfrand eine bemerkenswert schöne Barock-Kirche (1648), mit einer bemalten Orgel von 1712. Von der unteren Friedhofmauer aus grossartiger Ausblick über das Albulatal mit den vielen Dörfern, ins Tal des Landwassers hinein, bis in die Gegend von Davos und nordwärts über Lantsch mit seiner eindrücklichen alten Kirche hinweg auf das Gebiet der Lenzerheide.

Von Mon steigt das Strässchen leicht hinan zum Scheitelpunkt Bova Salisch (1338 m), wo sich die anmutigen Wiesen des Dörfchens *Del* ausdehnen. Es lohnt sich zum nahen Kirchlein Son Roc hinaufzuwandern, das zur Pestzeit entstanden ist. An einem Haus bemerken wir einen alten Backofen, der ins Freie hinausragt. Ein Feldweg führt weiter in Richtung der Ortschaft Salouf, einem grossen Dorf mit vielen Steinhäusern. Unterwegs eindrücklicher Blick auf die links sich erhebende Fels- und Waldkuppe Motta Vallac, wo der Sage nach ein Schloss stand; Ausgrabungen haben eine Siedlung aus der Bronzezeit zutage gebracht.

Ganz oben in *Salouf* erhebt sich die Pfarrkirche Son Gieri mit ihren gotischen Formen. Auf dem Friedhof ruht der romanische Dichter Pater Alexander Lozza, der als Kapuziner viele Jahre die Kirchgemeinde betreut hat. Vom Friedhoftor aus überblickt man die ganze Talstufe des Oberhalbsteins, bis hinauf zum Wald, der das Tal in zwei Hauptteile trennt: «Sut Got» (unter dem Wald) und «Sur Got» (ob dem Wald). Im Mittelpunkt von Sut Got breitet sich der Hauptort Savognin aus, der sich in den letzten Jahrzehnten zu einem ansehnlichen Ferienort entwickelt hat. Auf der

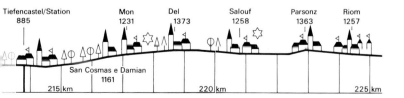

linken Talseite liegen schmucke Dörfer, während rechts der Julia einzig Tinizong (Tinzen) entstand.
Beim Durchschreiten der eindrücklichen Häuserreihen von Salouf gibt es viel Sehenswertes zu bestaunen: am Dorfeingang steht linkerhand ein grösseres Gebäude mit Dachreiter. Es ist das einstige Kapuziner Hospiz. Am südlichen Dorfende fällt das uralte Haus auf, das als Geburtsort des «Helden» Benedikt Fontana gilt, der an der Schlacht an der Calve fiel (1499) und in Chur mit einem Denkmal geehrt wird.
Salouf auf dem Weg, der zu den Wiesen Cadras führt, verlassen und am Hügel Motta da Parpi vorbei in die Bachrunse Ruignas hinein steigen. Auf der andern Seite leicht zum Dorf *Parsonz* ansteigen. Von Parsonz führt die einfache Strasse hinunter nach *Riom,* das durch das gewaltige Gebäude der Burg geprägt wird. Diese Burg ist von den Freiherren von Wangen (Südtirol) erbaut worden, diente aber seit 1258 den Dienstmannen des Bischofs von Chur. 100 Jahre lang stand das Hauptgebäude ohne Dach; gegenwärtig wird das riesige Gebäude restauriert. Riom ist sehr alt, die Dorfkirche ist bereits im Jahre 831 genannt, Ausgrabungen der letzten Jahre haben gezeigt, dass der Ort schon in der Bronzezeit bestand.
Von Riom führt ein guter Fahrweg südwärts hinunter zum Dorfteil Sot Curt von *Savognin.*

Die uralte Kirche San Cosmas ▷
e Damian unterhalb Mon im
Oberhalbstein (Route 13)

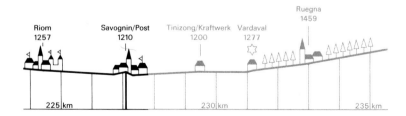

# 14 Savognin-Alp Flix-Bivio

Die schönste Wanderung im Oberhalbstein führt durch die grossen Waldungen auf die aussichtsreiche Terrasse von Flix, mit ihren Seen und Maiensässen, und dann hinunter nach der obersten Ortschaft des Tales, Bivio. Diese Teilstrecke gehört zu den anstrengensten der ganzen Fussreise.

| Route | Höhe in m | Hinweg | Rückweg |
|---|---|---|---|
| Savognin/Post | 1210 | — | 5 Std. 30 Min. |
| Vardaval | 1277 | 1 Std. | 4 Std. 40 Min. |
| Ruegna | 1459 | 1 Std. 35 Min. | 4 Std. 10 Min. |
| Plang da Crousch | 1992 | 3 Std. 10 Min. | 3 Std. 10 Min. |
| Alp Flix/Tigias | 1977 | 4 Std. | 2 Std. 30 Min. |
| Bivio/Post | 1776 | 6 Std. | — |

Von der Post *Savognin* direkt zur Julia absteigen. Die Brücke überschreiten und durch die ebenen Felder, dem linksseitigen Ufer des Flusses entlang, bis zur Kraftwerkzentrale. Hier über die Brücke und über die Wiesen Gravas, die sich unterhalb der stattlichen Ortschaft *Tinizong* ausdehnen, wieder dem Flusse folgend zum Steg über den Bach Ragn d'Err, und von dort zu den Häusern von *Vardaval.*

Vardaval (Schau über das Tal) liegt an der Julierstrasse und vermittelt eine ausgezeichnete Übersicht über die unterste Talstufe des Oberhalbsteins. Hier beginnen die grossen Waldungen, welche beide Talseiten der Julia bedecken. In vorgeschichtlicher Zeit hat ein riesiger Bergsturz vom Piz Colm her das Tal in zwei Teile getrennt und dabei den Fluss gestaut. Dieser hat sich im Laufe der Zeit einen Weg gebahnt; hinter der Ortschaft Rona bemerkt man immer noch den ebenen Talboden, der vom damals gestauten See stammt.

Durch den Got da Rona zum Bildstock hinaufsteigen, der am Wege steht, dort den Weg rechts wählen, der ins Dorf *Ruegna* führt. Beim schmucken

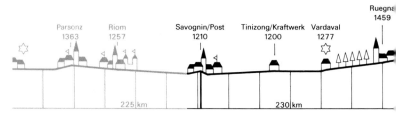

Kirchlein überblickt man die Talstufe, welche durch die Stauung entstand. Durch diese Ebene führt die Strasse zum Julier heute schnurgerade dahin.
In der Dorfmitte von Ruegna links über den alten Alpweg, der steil nach Ave Mareia emporführt und dann über Ava Salva zum Aussichtspunkt *Plang da Crousch*. Von hier führt der Weg beinahe horizontal zur weitherum bekannten Terrasse der *Alp Flix,* zuerst zu den einzigartig gelegenen Bergseen, die teils in den Alpweiden, zum Teil im Wald liegen. Vom Wanderpfad aus prächtige Sicht in die Val Faller, welche auf der andern Talseite liegt und vom imposanten Piz Platta (3392 m) abgeschlossen wird. Die Alp Flix, die vor Jahrhunderten ganzjährig von Walsern besiedelt war, gilt heute als «Sommerdorf», das aus einer ganzen Anzahl von Höfen und Siedlungen besteht: Cuorta, Tgaluoac, Tga d'Meir, *Tigias* und Salategnas. Die Alp weist keineswegs lauter Alpweiden auf, sondern weitgehend Bergwiesen, die während der Vegetationszeit voller Blumen stehen. Unterhalb Tigias steht die Kapelle Son Roc, in deren Umgebung früher nach Erz gegraben wurde.
Bei den Hütten von Salategnas beginnt der Pfad zu steigen und führt zwischen den Flühen der Pare Neira und Muttariel durch und senkt sich dann in die Tiefe der Val da Natons. Dort den Bach überschreiten und die Hänge abwärts querend, zu den Hütten von *Natons.* Der Weg schwenkt wieder in südliche Richtung und führt an einem kleinen Bergsee vorbei an den Saum des «Guet da Beiva», des Waldes von Bivio. Auf der gegenüberliegenden Talseite erheben sich die Muntognas digls Lajets. Deutlich zu erkennen sind die roten Flächen, welche Erzadern anzeigen. Durch den Wald absteigen und im Talboden der Julia flussaufwärts folgen. Nur rund 500 m nördlich befindet sich der Weiler Stalveder, wo sich früher die Richtstätte von Bivio befand. Kurz vor dem Dorfeingang die Brücke überschreiten und ins Zentrum von *Bivio* (Näheres S. 101), der obersten Ortschaft des Oberhalbsteins.

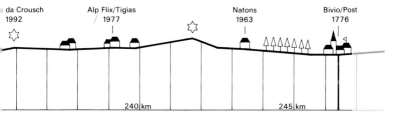

# 15 Bivio–Pass da Sett–Pass Lunghin–Sils i. E.

Diese Wanderung könnte als «Wanderung durch die Einsamkeit» bezeichnet werden, denn während des ganzen Weges wird keine ganzjährig bewohnte Siedlung durchstreift. Zwei Pässe (Septimer- und Lunghinpass), davon ein berühmter, prägen die Route ebenso wie der Lägh dal Lunghin, der See, welcher als Quelle des Inn gilt. Höhepunkt der Wanderung ist der Weg hoch über dem Silsersee zum Sommerdorf Grevasalvas.

| Route | Höhe in m | Hinweg | Rückweg |
|---|---|---|---|
| Bivio/Post | 1776 | | 6 Std. |
| Pass da Sett | 2310 | 2 Std. | 4 Std. 25 Min. |
| Pass Lunghin | 2645 | 3 Std. | 3 Std. 40 Min. |
| Grevasalvas/Muotta | Zoll | 4 Std. 35 Min. | 1 Std. 30 Min. |
| Sils-Baselgia | 1799 | 5 Std. 45 Min. | 15 Min. |
| Sils-Maria/Post | 1808 | 6 Std. | — |

Beim südlichen Dorfende von *Bivio* (Näheres S. 101) zweigt rechts ein Fahrweg zum kleinen Tal Tgavretga ab, wo Sommersiedlungen liegen, deren italienische Namen erkennen lassen, dass sie bereits mit dem Bergell zu tun haben. Beim Aufstieg schaut man gegen Osten in Richtung des Julierpasses, wo reger Autoverkehr herrscht. Hier dagegen geniesst man die Ruhe einer intakten Landschaft. Der Wanderweg ist identisch mit dem einstigen Passweg zum Septimer, der bereits zur Zeit der Römer befahrbar war. Bei Ausgrabungen wurden Reste dieser primitiven Strasse gefunden. Der Passverkehr erlebte seinen Höhepunkt im Mittelalter, als

◁ Die Bergeller Siedlung Grevasalvas
hoch über dem Silsersee mit Piz
Lagrev (Route 15)

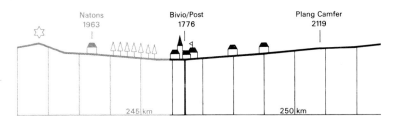

Kaiser und Könige, Kaufleute und Pilger, Scholaren und Kirchenfürsten diesen Weg beschritten. Oben am Pass haben die Archäologen die Grundmauern des einstigen Hospizes St. Peter ausgegraben.
Im Hintergrund von Tgavretga beginnt der Weg zu steigen, rechts am Wege fliesst die Eva dal Sett durch eine enge Schlucht. Schnell ist die nächste Talstufe erreicht, jene mit dem Namen *Plang Camfer,* von wo aus bereits die Passhöhe zu erblicken ist. Während der Vegetationszeit ist dieser ebene Boden wie ein Blumenteppich anzuschauen. Nach knapp einem Kilometer beginnt das Strässchen wieder zu steigen; links des Weges ist deutlich der Verlauf der sogenannten Castelmur-Strasse zu erkennen, die der Bischof von Chur 1387 in Auftrag gab und welche Tinizong mit Plurs verband. In Konkurrenz zum lawinensicheren Julierpass verlor der Septimer immer mehr an Bedeutung und ist auf der Bergellerseite zum steilen Pfad geworden.
Der weitere Aufstieg erfolgt mühelos. Auf der Passhöhe des *Pass da Sett* wird südwärts der Blick frei gegen das Bergell und über dieses Tal hinaus zu den Granitbergen, welche die Grenze zu Italien bilden.
Die Passhöhe des Septimer wurde als grosser Kreuzpunkt verschiedener anderer Pässe bekannt. Nach Westen gelangt man über die Forcellina ins Aversertal, nach Osten führt der unschwierige Aufstieg zum Pass Lunghin und weiter ins Oberengadin. Kurz vor der Septimer-Passhöhe erkennt man bereits den Wegverlauf, wobei der Hügel Pt. 2361 nördlich oder südlich umgangen werden kann. Über das schieferige Gelände geht's zum 2645 m hohen *Pass Lunghin,* wo der Blick sogleich auf das Engadin fällt, mit seinen blauen Seen, den lichten Arven- und Lärchenwäldern und auf die darüber liegenden Berge und Gletscher, die bis zur Höhe von 4000 m hinaufragen. Gute Berggänger werden eine kurze Rast dazu benützen, die Spitze des nur 140 m höheren Piz Lunghin zu besuchen, wo die Rundsicht naturgemäss viel umfassender ist und besonders der Tiefblick nach Casaccia im Bergell überrascht. Von der Passhöhe zum lieblichen *Lägh dal Lunghin* hinuntersteigen, der am Südfuss des Piz Grevasalvas, mitten in einer romantischen Felsszenerie liegt. Dieser See gilt als die Quelle des

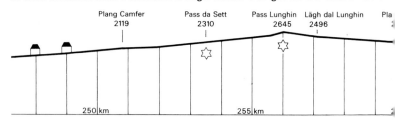

Inn und wird von zahlreichen Besuchern aufgesucht. Von hier aus besteht die Möglichkeit, direkt nach Maloja hinunter zu steigen und dem rechten Ufer des Silsersees bis Sils i. E. zu wandern. Der weitaus schönere Routenverlauf führt weit oben auf den Alpweiden weiter, um erst zuletzt auf die Talsohle zu gelangen. Diese Variante sollte indessen nur bei guten Wetterverhältnissen gewählt werden, obschon die Markierung gut ist.
Der Weg nimmt am Ostufer des Lägh dal Lunghin seinen Anfang, wobei der Pfad zu Beginn recht steinig ist, und führt nach leichtem Abstieg zu den schönen Alpweiden rund um die 2482 m hohe Motta Radonda (schöner Aussichtspunkt), wo es geschehen kann, dass man mitten ins Glockengeläute einer Viehherde gerät. Der Weiterweg erfolgt teilweise pfadlos, ist jedoch gut markiert. Linkerhand erheben sich die Spitzen des Piz Materdell und vorne erscheint die Zackenkrone des Piz Lagrev, welche das Bild des Oberengadins mitprägt. Leicht absteigend durch das blumenreiche Tal, wird die Terrasse *Plaun Grand* erreicht. Der Weg senkt sich nun stärker zur Alphütte *Muotta* oberhalb *Grevasalvas*. Dieser Weiler, der nur zur Erntezeit besiedelt ist und den Bergellern gehört, ist weitherum durch die Verfilmung der Heidi-Erzählung bekannt geworden. Der Ort ist in der Tat ausserordentlich malerisch und bildet, mit dem pittoresken Piz Lagrev im Hintergrund, eine unvergessliche Landschaft.
Von Grevasalvas (sofern wir bis zu den Gebäuden hinuntergestiegen sind) steigen wir wiederum nach Muotta empor, wo der Wanderweg, hier «Via Engiadina» genannt, langsam sinkend weit über dem Silsersee vorbeizieht. An ungefähr gleicher Stelle verlief auch der einstige Römerweg zum Julierpass, wie bei Ausgrabungen festgestellt wurde. Der Blick hinunter zum See und hinüber zu den weissen Bergen ist unvergleichlich, aber auch die alpine Vegetation ist für den Kenner interessant.
Bei Crappa senkt sich der Weg nach *Sils-Baselgia,* das seinen Namen von der einfachen und schönen Kirche hat, die am ruhig dahinfliessenden Inn liegt. Hier in den beinahe in südlicher Richtung verlaufenden Feldweg einschwenken und am Fusse des God Laret zur Haupstrasse umbiegen. Dieser ins Dorfzentrum von *Sils-Maria* folgen.

# 16 Sils i. E. – St. Moritz – Pontresina

Nach der anstrengenden Wanderung im «Hochgebirge», bildet der Weg nach Pontresina, den Oberengadiner Seen entlang, eine geruhsame Erholung. Das Hochtal des Oberengadin, mit seinen unschönen Überbauungen, aber auch den zahlreichen malerischen Stellen, die besonders auf dieser Teilstrecke in Erscheinung treten, vermittelt eigenartige Kontraste.

| Route | Höhe in m | Hinweg | Rückweg |
| --- | --- | --- | --- |
| Sils-Maria/Post | 1808 | – | 3 Std. 50 Min. |
| Surlej | 1809 | 1 Std. 25 Min. | 2 Std. 25 Min. |
| St. Moritz-Bad | 1772 | 3 Std. | 50 Min. |
| Lej da Staz | 1811 | 3 Std. 15 Min. | 35 Min. |
| Pontresina/Bahnhof | 1774 | 3 Std. 50 Min. | – |

*Sils,* ladinisch *Segl* genannt, liegt zwischen dem Silser- und dem Silvaplanersee, am Eingang zur Val Fex, die als besonders schöne Gegend bekannt ist. Der Ort unterscheidet sich in Sils Baselgia (Kirche) und Sils Maria. Einst ein Bauerndorf, ist Sils heute zu einem bekannten Ferienort geworden, der mit grossen Opfern eine weitere Überbauung der Ebene zwischen den Seen verhindert hat. Auf der Halbinsel Chastè erinnert ein Gedenkstein an den deutschen Philosophen Friedrich Nietzsche, der zeitweilig hier lebte. Die Gegend ist bereits zur Bronzezeit besiedelt gewesen, so ist in Grevasalvas ein Schalenstein gefunden worden. Eine Sust ist für das Jahr 831 nachgewiesen.

Beim nördlichen Dorfende von *Sils-Maria* die Strasse nach rechts verlassen und 500 m zur Talstation der Furtschellas-Bahn hinüber wandern, wo der Weg nun dem Wald entlang verläuft. Dem südseitigen Ufer des Silvaplanersees (Lej da Silvaplauna) entlang dem Weg folgen, der zum Plaun da la Rabgiusa führt. Hier und bei Palüdetta etwas in den Wald aufsteigen, dann aber bis zur Ova da Surlej dem See folgen. Bei der Seenge (Brücke) steht die festungsartige Burg *Crap da Sass,* die jedoch aus

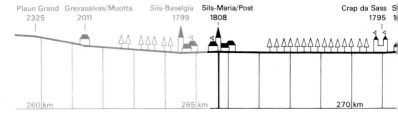

neuerer Zeit stammt (1906). Gegenüber breitet sich Silvaplana aus, was auf deutsch «Ebener Wald» heisst, denn hier soll einst ein grosser Wald gestanden haben. Das Dorf mit einigen schönen Engadiner Häusern und einer spätgotischen Kirche (1491) ist Ausgangspunkt zum Julierpass und hat während Jahrhunderten vom Transport gelebt. Heute ist das Dorf zum Kurort geworden, der wesentlich von den einzigartigen Seen sowie von der Seilbahn zum Corvatsch profitiert.

Die Brücke bei Crap da Sass führt hinüber nach *Surlej,* das zu einer grossen Ferien-Siedlung geworden ist, welche vor allem von der Corvatsch-Seilbahn profitiert.

Bei Pt. 1809 das Strässchen nach Clos wählen und der Palüd Lungia (langes Ried) entlang zum Waldsee *Lej Nair* (schwarzer See) aufsteigen; weiter zum *Lej Marsch* (fauler See). Beide Seen liegen inmitten von Arven- und Lärchenwäldern. Dem Weg in gleicher Richtung folgen, vorbei an der Olympia-Schanze und über das Wiesengelände Pro San Gian, wo sich der Wanderweg hart an den Waldrand hält. *St. Moritz-Bad* links liegen lassen und erst auf der Höhe des Sees nach links umschwenken, um das Ufer zu erreichen. Dem Ufer entlang führt ein schöner Weg, welcher den Blick auf die Hotels des Weltkurortes erlaubt.

Urkundlich ist St. Moritz erstmals 1139 erwähnt, als die Herren von Gamertingen (D) ihren Besitz im Engadin verkauften. Der Ortsname steht mit der alten Pfarrkirche St. Mauritius im Zusammenhang, von der nur der aus dem 13. Jh. stammende «Schiefe Turm» besteht. Ende des letzten Jahrhunderts begann in St. Moritz eine Entwicklung, welche die einst anmutige Landschaft am See zu einer Stadt verwandelte.

Am Ende des Sees führt der Wanderweg leicht hinauf zur sogenannten Meierei und weiter durch den Wald zum kleinen See *Lej da Staz.* Gegen Ende des Winters führt hier die Langlauf-Loipe des Engadiner Ski-Marathons vorbei, die in Maloja beginnt und bei Zuoz endet. Vom Lej da Staz wandern wir durch dichten Föhrenwald hinüber nach Pontresina. Oberhalb der Eisenbahnlinie den Wald verlassen und zur Bahnstation *Pontresina* (Näheres S. 103) absteigen.

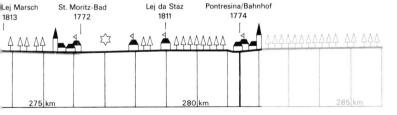

Oberengadin: Bivio – Passo del Bernina

## 17 Pontresina – Morteratsch – Passo del Bernina

Der letzte Passübergang dieser Wanderroute wartet mit einer grossen Zahl von Naturschönheiten auf; die Wanderung im Gebiet der Waldgrenze ist im Hinblick auf die Pflanzenwelt wie auf die Fauna interessant.

| Route | Höhe in m | Hinweg | Rückweg |
|---|---|---|---|
| Pontresina/Bahnhof | 1774 | – | 3 Std. 25 Min. |
| Morteratsch | 1896 | 1 Std. 30 Min. | 2 Std. 10 Min. |
| Bernina Suot | 2046 | 2 Std. 15 Min. | 1 Std. 30 Min. |
| Passo del Bernina/Hospiz | 2307 | 4 Std. 10 Min. | – |

Den Bahnhof *Pontresina* (Näheres S. 103) Richtung Dorf verlassen. Kurz vor der Strassenbrücke rechts in einen Wanderweg abzweigen, der in den Wald eindringt, die Geleise der Bernina Bahnlinie queren und weiter leicht ansteigend zur Gegend der Bahnstation Surovas. Das Gelände bis Morteratsch ist nun weitgehend eben. Der Bahnlinie durch Wald und über Weiden folgen. Mit etwas Glück und einem Feldstecher entdeckt man auf der gegenüberliegenden Talseite die Steinböcke der Kolonie am Albris. Das Bündner Wappentier war seit langem ausgerottet. Nach 1920 wurden wiederum Steinböcke angesiedelt, die hier gut gediehen. Je nach Witterung und Tageszeit können auch Gemsen oder drollige Murmeltiere betrachtet werden.

Kurz vor der Station *Morteratsch* findet die Ebene ihr Ende, Arvenwälder stehen ringsum, aber nach Süden öffnet sich das Tor zum schönsten Panorama des ganzen Engadins. Über die Felsen rauscht die Ova da Morteratsch, die am Vadret da Morteratsch (Vadret = Gletscher) entspringt; dieser Gletscher fällt von den verschiedenen «weissen Riesen» herunter, von denen der Piz Bernina (4049 m) der höchste ist, dazu der einzige Viertausender in Graubünden.

Noch grossartiger ist das Bild des Gletscher- und Bergpanoramas von der

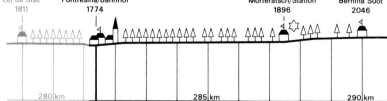

Berninastrasse aus. Beim grossen Parkplatz ist der Wasserfall Cascata da Bernina zu sehen. Dieser Wasserfall gilt als Sehenswürdigkeit, denn schäumend fallen die Wasser in die Tiefe, um dann ruhig fliessend durch die Ebene zum Inn hinaus zu strömen. Der Aufstieg erfolgt gleich beim Wasserfall. Ein Stückweit folgt der Wanderweg einem gepflasterten Strässchen: es handelt sich um die alte Berninastrasse, die im Sommer 1981 nach einem heftigen Regenguss zum Vorschein kam, nachdem niemand mehr gewusst hatte, wo sie einst lag. Etwas weiter oben ist die Stelle mit der grossartigen Aussicht in das Tal von Morteratsch, mit seinem eindrücklichen Gletscher (der seit über 50 Jahren ständig abnimmt) und den weiss glitzernden Bergen ringsum.

Der Weiterweg erfolgt auf der linken Seite der Ova da Bernina. Durch Wälder und über Wiesen wird die Station *Bernina Suot* mit ihrem Restaurant erreicht. Dieses Gasthaus war einst Passherberge. Im Nordosten öffnet sich das alpine Tal Val dal Fain (Heutal), das seiner Flora wegen bekannt ist; ein grosses Gebiet davon steht unter Naturschutz.

Nun ein Stück weit die Passstrasse benützen, um dann rechts auf den Wanderweg auszuweichen. Leicht aufwärts wandernd die Alps da Buond queren, jene Alpen, die zur Gemeinde Bondo im Bergell gehören, und weiter bis zu den drei Seen, welche die Passhöhe beherrschen. Zuerst wird der Lej Pitschen erreicht, dann der *Lej Nair* (der kleine und schwarz See) wobei sich beim Lej Nair die Wasserscheide befindet. Nordwärts fliessen die Gewässer zum Schwarzen Meer, nach Süden zur Adria. Der grösste dieser Seen ist der Lago Bianco, der aufgestaut ist; sein Name verrät seine Lage im italienischen Sprachgebiet. Rechts streben hohe, von Gletschern umgebene Berge empor, der Piz Trovat, der Piz d'Arlas und der Piz Cambrena, Vorposten der grossen Berninagruppe.

Bei der Staumauer des Lago Bianco nach links umschwenken und auf der anderen Talseite zum Hospiz *Passo del Bernina* mit seinem Gasthaus, unweit der 2328 m hohen Passhöhe aufsteigen.

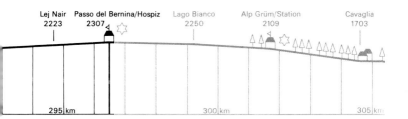

# 18 Passo del Bernina – Alp Grüm – Poschiavo

Die Wanderung vom Berninapass hinunter ins Puschlav gehört zu den grossen Erlebnissen dieser langen Wanderung. Die zwei letzten Routen führen in verhältnismässig kurzer Zeit aus der Region der Gletscher auf die Meereshöhe von 440 m, wo die Rebe gedeiht und Palmen vorkommen.

| Route | Höhe in m | Hinweg | Rückweg |
| --- | --- | --- | --- |
| Passo del Bernina/Hospiz | 2307 | — | 4 Std. 35 Min. |
| Alp Grüm | 2091 | 1 Std. 10 Min. | 3 Std. 15 Min. |
| Cavaglia | 1703 | 2 Std. | 2 Std. 10 Min. |
| Poschiavo/Bahnhof | 1014 | 3 Std. 25 Min. | — |

Es bestehen Anhaltspunkte, dass der Berninapass bereits zur Zeit der Römer benutzt wurde. Jedenfalls erhielt er seine Bedeutung im Spätmittelalter, sowohl als Verbindung mit dem Puschlav, wie auch als «Weinstrasse», was er bis zum heutigen Tag geblieben ist. Die Passstrasse wurde zwischen 1842 und 1865 erbaut, die Bahn von St. Moritz nach Tirano wurde 1910 eröffnet. Beide bilden die Verbindung zum Puschlav, das im Grunde ein Seitental des Veltlins ist, geschichtlich aber immer zu Graubünden gehörte.

Die Wanderung vom *Passo del Bernina* in Richtung Alp Grüm kann sowohl auf der rechten wie der linken Seite des *Lago Bianco* erfolgen. Auf der linken Seeseite folgt sie weitgehend dem Verlauf der Eisenbahn, rechts des Sees führt der Pfad über die Weiden, zu Füssen des Sassal Mason.

◁ Am Lägh dal Lunghin, der Quelle des Inn (Route 15)

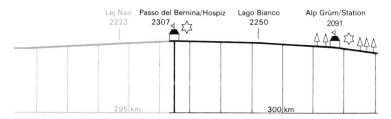

Puschlav: Passo del Bernina-Tirano

Unterhalb der Staumauer beginnt ein Weg, der zum Ristorante Sasal Mason führt, das als Aussichtspunkt bekannt ist. Hier können sogenannte «Grotti» besichtigt werden, Steinbauten mit «falschen Gewölben», die seit Urzeiten als kühlende Keller benutzt werden. Der kleine Abstecher zu den Grotti kann nur empfohlen werden.

Von der Staumauer weg zum grössten Teil der Linienführung der Berninabahn folgen bis zur Station *Alp Grüm*. Diese an der Waldgrenze gelegene Bahnstation ist ihrer Rundsicht wegen bekannt: Der Blick reicht hinüber zum zerklüfteten Palü Gletscher. Am meisten fesselt jedoch der Tiefblick ins Puschlav, zum Lago di Poschiavo und weiter bis zum Ziel der Wanderroute, nach Tirano, das bereits in Italien liegt. Die Alp Grüm ist ein Blumen-Paradies. Sehenswert ist der der Rhätischen Bahn gehörende, gleich neben den Geleisen liegende, sehr interessante Botanische Garten. Hier beginnt die äusserst abwechslungsreiche Wanderung in die Tiefe, von 2100 m auf 1014 m in Poschiavo, und das bei nur fünf Kilometern horizontaler Luftlinie. Während die Bahn dazu zahlreiche Schleifen zieht, fällt der Fussweg recht steil abwärts, weite Strecken der alten Berninastrasse folgend, deren Pflaster wir bereits oberhalb Morteratsch gesehen haben. Die heutige Passstrasse führt jenseits des Bergrückens Fil da Prairol hinunter nach Poschiavo, wogegen während Jahrhunderten die Route über Cavaglia bevorzugt wurde. Vorerst den ebenen Boden mit der Siedlung Cavaglia ansteuern, die bereits von Alp Grüm aus bemerkt werden konnte. Die Wanderung abwärts durch reizvolle Gebirgswälder und an Wetterlärchen vorbei, gestattet immer neue Ausblicke. Die Stille der Landschaft wird nur hin und wieder vom Surren der Eisenbahn unterbrochen, welche nun einen Teil der Transporte bewältigt. Zur Zeit der grossen Warentransite, Ende des 18. Jh., zogen wöchentlich bis zu 300 Saumrosse hier vorbei. Während der Weinfuhren soll sogar das Doppelte an Pferden das «geliebte Nass» über den Berninapass nach Norden transportiert haben.

Die kleine Ebene von *Cavaglia,* welche heute Standort einer Kraftwerkzentrale ist, queren und bei Puntalta zur engen Schlucht absteigen, die

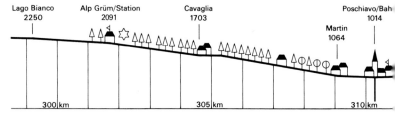

vom Bach Cavagliasch gebildet wurde und wo rechts auf der Anhöhe sich prächtige Gletschermühlen befinden. An dieser Stelle liegen Bach, Bahn und Wanderweg eng beieinander. Rasch wird die Landschaft breiter. Hier dem Weg folgen, der mit seinem groben Pflaster die einstige Passstrasse verrät. Recht steil geht's durch den Wald hinunter nach Cadera, das aus zahlreichen Hütten und Ställen besteht, die in den Waldlichtungen ein überaus liebliches Gelände bilden. Beinahe auf Schritt und Tritt ändert sich die Vegetation mit der Meereshöhe, die Tannen weichen zurück und machen den Eschen und Ahornen Platz. Das Klima wird immer südlicher. Oberhalb San Carlo überrascht die Sicht übers ganze Tal, mit den Ortschaften, Häusern und Kirchen, die bereits deutlich das italienische Gepräge erkennen lassen. Zu verschiedenen Malen wurde im Abstieg das Bahngeleise gekreuzt und bei der Ausmündung der Val Varuna in den Talboden wird das ein letztes Mal getan. Durch die Wiesen nach *Martin* hinuntersteigen. Über ein Strässchen wird anschliessend unser Ziel, *Poschiavo* (Näheres S. 104) erreicht.

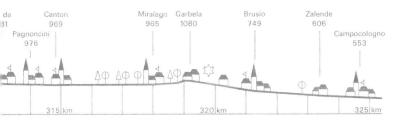

# 19 Poschiavo-Brusio-Campocologno-Tirano

Das letzte Teilstück auf dem Weg ins Veltlin führt zur italienischen Grenze. Dabei sind zwei verschiedenartige Talstufen zu überwinden, von denen die untere bereits eine ausgesprochene südliche Vegetation aufweist.

| Route | Höhe in m | Hinweg | Rückweg |
|---|---|---|---|
| Poschiavo/Bahnhof | 1014 | — | 4 Std. 35 Min. |
| Canton | 969 | 1 Std. | 3 Std. 35 Min. |
| Miralago | 965 | 1 Std. 45 Min. | 2 Std. 50 Min. |
| Garbela | 1080 | 2 Std. 10 Min. | 2 Std. 30 Min. |
| Brusio | 749 | 2 Std. 45 Min. | 1 Std. 35 Min. |
| Campocologno | 553 | 3 Std. 30 Min. | 35 Min. |
| Madonna di Tirano | 438 | 4 Std. | — |

*Poschiavo* (Näheres S. 104). Vom Bahnhof vorerst dorfwärts und über den Poschiavino. Bei den letzten Häusern des Ortes hinauf zum Spital und unter diesem vorbei zur Kirche Santa Maria Assunta, die als schönster Barockbau des Puschlavs gilt. Weiter oben, am Rand der Val da Cologna, liegt der Weiler Cologna (Köln), wo die Bewohner sich am Morgen mit «Kölnisch Wasser» waschen. Die Talseite ist von sanften Schuttkegeln geprägt, die von den Bächen gebildet werden, welche von der Bergkette zwischen Piz di Sassiglion und Piz Trevisina herunterfliessen. Der Weg führt durch Wiesengelände zur Ortschaft *Prada,* die charakteristische Häuser und eine sehenswürdige Kirche (1681) besitzt. Über einen weiteren Schuttkegel zum nicht weniger interessanten Dorf *Pagnoncini,* welches bereits im ebenen Talboden liegt. Quer durch das ebene Gelände zum Weiler *Canton,* wo bereits der Lago di Poschiavo in Sicht kommt. Dieser zwischen Le Prese und Miralago liegende See wird beidseits von steil aufragenden Felsen eingerahmt. Dem Ostufer entlang führt ein angenehmer Wanderweg, der landschaftlich sehr reizvoll ist.

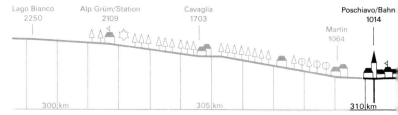

In *Miralago,* am südlichen Ufer des Sees, hat sich einst, in vorgeschichtlicher Zeit, ein Bergsturz ereignet, der von Osten herabfallend das Tal auffüllte und in zwei Teile zerschnitt. Das gestaute Wasser des Poschiavino bildete den heutigen See, der damals bis weit über Poschiavo hinaufreichte. Dann bahnten sich die Wassermassen einen Weg und formten die heutige Landschaft.

Ohne über die Brücke zu den Häusern von Miralago hinüber zu wechseln ein kleines Stück dem Ufer des Poschiavino folgen, und beim Wegweiser nach links zu den Hängen der Motta emporsteigen. Diese letzte Gegensteigung von gut 100 Metern führt durch das wilde Gebiet des einstigen Bergsturzes mit seinen gewaltigen Blöcken. Beim Waldaustritt bei *Garbela* öffnet sich vor uns eine umfassende Rundsicht über das untere Puschlav. Südlich liegt die Gemeinde Brusio mit ihren Fraktionen, der Blick reicht aber darüber hinaus bis hinunter ins Veltlin. Bergwärts entdeckt man weit oben am Rande der Felswand das einsame Kirchlein San Romerio, das einst mit einem Hospiz verbunden war, weshalb es nicht ausgeschlossen ist, dass damals die Talstrasse dort vorbei führte. San Romerio gehört zur Kirchgemeinde Tirano. Weiter vorne liegt auf beinahe 1300 m Viano, das als «Schmugglernest» eine Zeitlang bekannt war.

Obschon eine Strasse bis Brusio hinunter führt, bestehen von Garbela bis dorthin eine Menge von Abkürzungen, welche die Wanderzeit reduzieren. Unterwegs, und besonders von Brusio abwärts, wird die Vegetation dieser Talstufe zusehends südlicher. Die Edelkastanie gedeiht hier, Tabak wird angepflanzt und ganz unten wächst ein heller und guter Wein. Das Gras wird bis vier Mal geschnitten und anschliessend wird der Buchweizen, die «farina sarazena» angepflanzt, die gut schmeckt.

In *Brusio* gelten die beiden Pfarrkirchen als sehenswert: die 1645 erbaute reformierte Kirche enthält eine stattliche Rokoko-Orgel aus dem Jahre 1786. Bekannt ist auch der Kreisviadukt der Rhätischen Bahn unterhalb Brusio.

Bei diesem «Freiluftkehrtunnel» von der Strasse rechts abbiegen und durch Wiesen und Kastanienwald in Richtung *Zalende* weiterwandern,

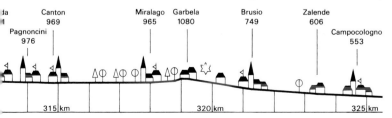

stets auf der rechten Seite des Poschiavino. Auf der Höhe des gegenüberliegenden Campascio blickt man empor zu den steilen Hängen, wo der Ort Cavaione liegt. Dort, beidseits der Val dal Saent, hatten es die Bündner nach der Lostrennung des Veltlins unterlassen, genaue Grenzen zu ziehen, so dass die Cavaionesi bis 1873 im Niemandsland lebten. In diesem Jahr wurde dieses Gebiet endgültig zu Graubünden geschlagen. Die kurze Strecke bis zur Landesgrenze in *Campocologno* auf dem Fahrweg, der dem rechten Ufer des Poschiavino folgt, zurücklegen. Obschon hier die Bewohner einen Dialekt sprechen, der sich an die Sprache des Veltlins anlehnt, gibt es auch Deutschschweizer, vor allem unter den Grenzwächtern. Vom Berninapass bis hieher waren immer wieder Kraftwerkzentralen der Kraftwerke Brusio AG zu sehen. In Campocologno steht die letzte Zentrale dieser «Energie-Kette».

Das Tal hat sich zu einem Engpass verengt, die Piattamala heisst und früher Schauplatz von Kämpfen war. Noch 1,5 km und man steht im Veltlin, vor der berühmten *Madonna di Tirano,* einem bekannten Wallfahrtsort der Katholiken.

Das Veltlin ist durch seinen Wein bekannt geworden, der zum grössten Teil nach Graubünden exportiert wird. Bis zu Napoleons Zeiten gehörte diese fruchtbare Region als Untertanenland zu den Drei Bünden, heute heisst es, die Bündner würden es zurückerobern: flaschenweise!

Poschiavo, der Hauptort des ▷
bündnerischen Puschlav
(Routen 18 und 19)

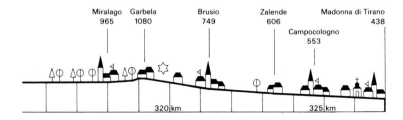

## Koblenz

Im 4. Jh. n. Chr. errichteten die Römer hier, am Zusammenfluss von Aare und Rhein, zwei Warten zur Sicherung der Grenze. Diesem Umstand verdankt Koblenz seinen Namen, der sich vom lateinischen Confluentia ableitet.
Urkundlich wird das Dorf erst im 13. Jh. erwähnt. Zu jener Zeit befand sich die Siedlung im Besitze der Freiherren von Klingnau. 1269 ging Koblenz zusammen mit Klingnau an die Bischöfe von Konstanz über. Anlässlich der Belagerung von Waldshut durch die Eidgenossen 1468 und 1499 während des Schwabenkrieges erlebte Koblenz unruhige und gefährliche Zeiten. Seit 1803 gehört es zum damals gegründeten Kanton Aargau.
Kirchlich war Koblenz in ältester Zeit der Urpfarrei Zurzach zugeteilt. Seit der Gründung der Pfarrei Klingnau (Mitte 13. Jh.) ging man dorthin zur Kirche. Schon um 1300 besass das Dorf eine der heiligen Verena gewidmete kleine Kapelle. Diese fiel 1795 einem Dorfbrand zum Opfer. Später wurde sie wieder aufgebaut. Die 1959 erbaute Pfarrkirche ist ebenfalls der heiligen Verena geweiht. Sie besitzt eine spätbarocke Verena-Statue.
Vermutlich haben sich schon zur Zeit der Römer Fischer und Schiffsleute in der Gegend angesiedelt. Im Laufe der Jahre wurde eine Fähre über den Rhein eingerichtet. Reger Schiffsverkehr herrschte besonders zur Zeit der alten Zurzacher Messe. Lotsen brachten die Boote durch die zwei engen Fahrrinnen der Stromschnellen, des Laufen, wie der Rhein hier bezeichnet wird. Die Lotsen waren in einer Genossenschaft zusammengeschlossen und wurden «Stüdeler» genannt.
Später trat anstelle des Schiffsverkehrs die Bahn und die Strasse. 1859 wurde die Bahnlinie Turgi-Koblenz-Waldshut eröffnet. 1875 folgte diejenige von Winterthur und 1892 die Weiterführung nach Stein.
Heute beherbergt die Gemeinde einige Industriebetriebe, die zusammen mit den SBB und dem Zoll eine beachtliche Zahl von Arbeitsplätzen anbieten können. Die Landwirtschaft spielt eine eher untergeordnete Rolle.
Koblenz liegt am Dreiländerweg rund um Basel. Jenseits des Rheins nimmt der Mittelweg Waldshut-Pforzheim des Schwarzwaldvereins seinen Anfang. Unsere Route führt durch die grossen und ruhigen Wälder südwärts nach

## Acheberg

Der Acheberg ist ein Ausläufer des Jura und trennt das Rheintal vom Surbtal. 1269 wird er erstmals urkundlich erwähnt. Gegen Ende des 13. Jh. kam der gleichnamige Hof in das Eigentum des Klosters St. Blasien, wechselte aber in der Folge zu verschiedenen Malen seinen Besitzer. 1660 erfolgte die Grundsteinlegung zur *Lorettokapelle.* Diese wurde nach dem Vorbild der berühmten Kirche St. Loretto in Italien erbaut und sollte wie diese der Wallfahrt dienen. Die zweiteilige Bauform ist für alle Lorettokapellen typisch. Der innere Hochaltar wurde zur Ehren der Gottesmutter Maria und der heiligen Anna, der äussere zu Ehren des heiligen Josef geweiht. 1860 wurde die Kapelle renoviert und erhielt gleichzeitig ein Altargemälde im Barockstil. 1910 legte man bei einer Innenrenovation alte Fresken frei, die früher einmal übermalt worden waren. In den sechziger Jahren wurde die Kapelle innen und aussen sorgfältig restauriert. Der einstmals bedeutende Wallfahrtsverkehr besteht heute nicht mehr. Dennoch werden jedes Jahr mehrere Gottesdienste auf dem Acheberg abgehalten. Die Zurzacher feierten wiederholt Fronleichnam bei der Kapelle. Die reformierten Kirchgemeinden rund um den Berg kommen jährlich zu einem gemeinsamen Gottesdienst, dem Achebergtreffen, zusammen. Die früher den Pilgern zur Verfügung stehende Wirtschaft wurde 1981 renoviert und neu eröffnet.

## Baldingen

Das einstmals zur Grafschaft Baden gehörende Bauerndorf Baldingen besteht aus den Dorfteilen Unter- und Ober Baldingen. Die kürzlich renovierte Kirche in Unter Baldingen wurde unter Denkmalschutz gestellt. Ihr Erbauer, Architekt Moser, war auch der Architekt des Zürcher Kunsthauses und der Pauluskirche in Basel. Die Gemeinde Baldingen besitzt eine der wenigen Schulen im Kanton Aargau, in der ein einziger Lehrer die Schüler von der ersten bis zur achten Klasse unterrichtet.

## Schneisingen

Die politische Gemeinde Schneisingen, früher Schneisang bzw. Schneisanc genannt, entstand aus mehreren Weilersiedlungen wie Ober-, Mittel- und Unter Schneisingen, Hüniken und Murzlen (ehemalige Grenzzollstätte). Funde beweisen, dass diese Gegend schon in der römischen

Zeit besiedelt war. Die erste urkundliche Erwähnung dieser alemannischen Ortsgründung geht auf das Jahr 1113 zurück. Aus Urkunden der Jahre 1120-1198 wird bestätigt, dass die Schneisinger Kirche samt Pfarrwahlrecht dem Benediktinerkloster St. Blasien im Schwarzwald zugehörig war. Im 13. Jh. war Schneisingen im Besitz der Freiherren von Waldhausen. Durch sie kam der Ort wahrscheinlich an die Freiherren von Regensberg, die dann die Vogtei um 1300 herum an den Bischof von Konstanz abtraten. Auf die Dauer vermochte sich jedoch die bischöfliche Herrschaft gegenüber dem Kloster St. Blasien und seinen habsburgischen Vögten nicht durchzusetzen. Während die niedere Gerichtsbarkeit anfänglich vom Kloster ausgeübt, dann 1681-1798 an die Familie Schnorf in Baden zu Lehen gegeben wurde, waren die Habsburger als Klostervögte die eigentlichen Landesherren und Inhaber der hohen Gerichtsbarkeit (Blutgericht).
Im Jahre 1844 beschrieb der damalige Kantonsbibliothekar F. X. Bronner den Ort u. a. wie folgt: «Schneisingen im Kreise Kaiserstuhl, Bezirk Zurzach, zählt 563 Einwohner in 46 mit Ziegeln, 34 mit Stroh bedeckten Wohnhäusern, nebst 25 mit Ziegeln und 3 mit Stroh bedeckten Nebengebäuden. Feuersbrünste in den Jahren 1771, 1773, 1780 und 1785 richteten jeweils grossen Schaden an.» Heute hat es keine Strohdächer mehr. Mit der Industrialisierung und der Verkehrserschliessung wurde Schneisingen mehr und mehr zum Einfamilienhaus-Dorf.
Die Güterregulierung im Jahre 1872, die erste im Kanton Aargau, schuf die Grundlage für eine rationelle Nutzung der landwirtschaftlichen Fläche. Grosse Waldbestände sind die Haupteinnahmequelle der Ortsbürgergemeinde.

## Niederweningen

Die Besiedlung der Gegend von Niederweningen geht sehr weit zurück. Auf der Egg fand man 4000 Jahre alte Steinzeitgräber und im Erlenmoos einen 2700 Jahre alten eisenzeitlichen Grabhügel. Auch von den Helvetiern, den Römern und den Alemannen wurden Spuren entdeckt. 1145 wurde die erste, damals dem Kloster Allerheiligen gehörende Kirche und 1269 der Ort selbst erstmals urkundlich erwähnt. Im 14. Jh. waren die Österreicher, verschiedene Edelleute, Klöster und reiche Stadtbürger hier begütert. 1310 verkauften die Freiherren von Regensberg den Ort samt Grundbesitz und niederer Gerichtsbarkeit dem Domstift Konstanz. Als durch die Reformation die Gebiete des Wehntals aus der kirchlichen Zugehörigkeit zum Bistum Konstanz ausschieden, änderte dies nichts hin-

sichtlich der Abgaben. So blieb der bischöfliche Vogt auf den domstiftlichen Gütern und übte die niedere Gerichtsbarkeit bis 1798 aus. Das Recht der Kollatur d. h. des Pfarreinsatzes gelangte erst 1805 durch Vertrag mit der Badischen Regierung an Zürich.
Der Turm der Kirche wurde 1811-13 nach dem Vorbild des Fraumünsterturms gebaut. 1948 wurde die Kirche renoviert, wobei auch der gotische Chorbogen freigelegt wurde. Im Chor wurde ein Glasfenster nach dem Entwurf von K. Grimmer angebracht. Über dem Kircheingang sind die Wappen der zur Kirchgemeinde gehörenden Weiler Dachsleren und Wasen zu sehen. Die gotische Inschrift am Pfarrhaus «Edificata Anno domini 1411» stammt vom ehemaligen Bau.
Beim Bau der Nordostbahnstrecke Dielsdorf-Niederweningen wurden im Jahre 1890 in der Gegend von Niederweningen die Reste von fünf Mammuts entdeckt. Davon ist ein drei Meter hohes Skelett im Zoologischen Museum der Universität Zürich ausgestellt.
1938 wurde die Wehntalbahn (seit 1902 SBB) um 1113 m gegen Westen verlängert. Am Endpunkt wurde ein neuer Bahnhof gebaut. Die bisherige Station wurde zur Haltestelle umfunktioniert.
Zur Entwicklung der Gemeinde Niederweningen hat die Firma Bucher-Guyer AG wesentlich beigetragen. 1540 als Schmiedewerkstätte gegründet, entwickelte sich der handwerkliche Betrieb nach der Jahrhundertwende zum Industrieunternehmen.
Die Murzlenmühle, die heute einen Gasthof beherbergt, gehörte einstmals den Freiherren von Regensberg. Später ging sie in Privatbesitz über. Bis 1945 wurde dort Gips aus den Gruben an der Lägeren gemahlen.

## Lägeren

Als vor vielen Millionen Jahren unter dem gewaltigen Druck der emporsteigenden Alpen, die im Jurameer abgelagerten Sedimente seitlich zusammengepresst und übereinander geschoben wurden, entstand der Jura. Einer seiner letzten Ausläufer im Norden ist die Lägeren, die sich als elf Kilometer langer Bergrücken, mit zum Teil scharfem Grat, von Baden bis Dielsdorf hinzieht. Ihren höchsten Punkt erreicht sie mit 866 m bei der Ruine Altlägeren. Aufgefundene Versteinerungen wie z. B. Ammoniten (schneckenförmige Kopffüssler oder Ammonshörner), Belemiten (Tintenfischskelette oder Donnerkeule), Muscheln, kleinere Schnecken usw. sind Zeugen aus jener Zeit.
Bemerkenswert ist die Flora der Lägeren. Es kommen u. a. vor: Feuerlilien, Türkenbund, Frauenschuh, Ginster, Ehrenpreis, Hyazinthen usw.

## Lägeren Hochwacht

Im Jahre 1624 entwickelte die Zürcher Regierung für ihr Kantonsgebiet ein 23 Hochwachten umfassendes militärisches Alarmsystem. In diesem spielte die Lägeren Hochwacht dank ihrer günstigen Lage eine wichtige Rolle. Die von ihr abgegebenen Feuerzeichen konnten nicht nur von 13 weiteren Hochwachten im Kanton, sondern auch von denjenigen von Lenzburg, Brunegg und Rietberg gesehen werden.
Zur Ausrüstung der Hochwacht gehörten u. a. ein Schutzhäuschen für die Wachen, eine Visiervorrichtung mit eingetragenen Richtungen, drei pyramidenförmig aufgestellte Tannen von 10-12 m Höhe, ein Holzstoss und weiteres leicht brennbares Material, das in Zeiten der Gefahr darum herum aufgeschichtet wurde, ein Galgen mit einer Harzpfanne samt einem Vorrat Pech und ein Gefäss mit Pulver.
Nach dem Zusammenbruch der alten Eidgenossenschaft 1798 gerieten die Einrichtungen der Lägeren Hochwacht ausser Gebrauch.
1962 wurde hier ein Betonturm mit Radarantenne in Betrieb genommen. Mit dieser Anlage wird der gesamte Flugverkehr in einem Umkreis von 350 km überwacht. Eine Richtstrahlantenne übermittelt die Meldungen direkt an den Flughafen Kloten.

## Regensberg

Das auf einem Ausläufer der Lägeren gelegene, weithin sichtbare Städtchen Regensberg samt Schloss wurde in den Jahren 1244-46 vom zuvor auf der Altburg Regensberg am Chatzensee residierenden Freiherrn Lütold V. gegründet. Es scheint, dass diese Neugründung zu einem wirtschaftlich ungünstigen Zeitpunkt erfolgt ist, denn schon 1302 musste ein Nachfolger, Lütold VIII., den Sitz Neu Regensberg an die Habsburger veräussern. 1409 gelangte das Städtchen an Zürich und war dann bis 1798 Sitz der gleichnamigen Landvogtei. Bis 1871 war Regensberg Bezirkshauptort.
Das Städtchen besteht aus der sogenannten Ober- und der Unterburg. Die einem grossen Hof gleichende Oberburg umfasst u. a. das Schloss. Als befestigte Anlage erbaut um 1245; 1410-1798 Landvogteisitz, seit 1883 Erziehungsheim für Jugendliche. Von der mittelalterlichen Anlage ist der auf dem höchsten Punkt stehende rundförmige Bergfried erhalten. Höhe 21 m, Durchmesser über 9 m, Mauerdicke 2,88-3,06 m. Nach dem Brand von 1766 mit offener Zinne bekrönt (schöne Rundsicht). Der Wohntrakt neuerrichtet 1583-85 unter Landvogt Sixt Vogel; langge-

streckter spätgotischer Bau mit drei Obergeschossen. Barockportal 1865. Sodbrunnen, angelegt um 1245, mit 57 m einer der tiefsten der Schweiz; 1960 unter Bundesschutz gestellt und mit elektrischer Beleuchtung versehen. Kirche, erstmals erwähnt 1255, neuerbaut 1506 und nach dem Brand 1540, umgestaltet 1821. Klassizistisch geprägter Rechtecksaal. Engelfriedhaus, neuerbaut 1671, unter Wiederverwendung einzelner Bauteile von 1541. Spätgotischer Giebelbau mit halbrundem Befestigungsturm an der Talfront. Im 2. Stock Rittersaal 1671 mit Spätrenaissance-Ausstattung. Ortsmuseum mit Objekten und Dokumenten zur Stadtgeschichte. Die im 14. Jh. als Erweiterung gebaute Unterburg besteht u. a. aus dem Gasthof Krone mit Tordurchgang zur Oberburg. Empireschild um 1800. Riegelbau «Rote Rose» 1540. Ausstellung von Aquarellen der Rosenmalerin Lotte Günthart. Brunnen mit Steinhauerarbeiten von den 1865 abgebrochenen Stadttoren mit Wappen der Vogteien Neuamt, Regensdorf und Regensberg, darunter diejenigen von Amtsleuten von 1688 sowie eine Kopie der Grabplatte des Freiherren Ulrich von Regensburg.
Seit 1946 besteht für Regensburg eine vorbildliche bauliche Schutzordnung.
Unmittelbar unterhalb des Tordurchgangs erklärt eine Panoramatafel die einzigartige Alpenrundsicht.

**Watt**

Watt war schon im Mittelalter eine selbständige Gemeinde mit Armen- und Schulbehörde. Damals bestand zwischen dem Ort und Dielsdorf noch keine Fahrstrasse. Dies war zweifellos eine Folge der Beschaffenheit des Furttales. Bis ins 19. Jh. war nämlich die Talmitte vom Chatzensee bis gegen Otelfingen ein einziger grosser Sumpf, demzufolge Siedlungen nur an den Nord- und Südhängen errichtet werden konnten. Als im Laufe der Zeit immer mehr Boden melioriert wurde, kamen im Tal auch Querverbindungen zustande u. a. die Strasse nach Regensdorf.
Während der Revolution gingen die Watter mit dem alten Glauben streng ins Gericht, ja sie verfielen dabei sogar dem verbotenen Wiedertäufertum. Eine Überlieferung will wissen, dass der inzwischen eingedeckte Grebelbach am Oberen Chatzensee seinen Namen deshalb erhalten habe, weil die Zürcher Regierung hier den Wiedertäuferpfarrer Grebel zusammen mit einigen hartnäckigen Glaubensgenossen aus Watt ertranken liess (nach einer andern Version verstarb Grebel 1526 in Maienfeld an der Pest).

## Chatzensee

Der Chatzensee ist im Norden und Westen durch niedrige Hügel der Endmoräne eines Seitenarmes des Linthgletschers begrenzt. Der malerische, von Waldungen und Sumpfwiesen umgürtete, von Grundwasser gespeiste See ist ein beliebtes Ausflugsziel der Zürcher.
Bereits der Naturforscher Konrad von Gesner interessierte sich für den See. Die alten Zisterzienser Mönche vom Kloster Wettingen wussten um die Vorzüglichkeit der im See lebenden Karpfen und erwarben ihn für hundert Pfund.
Auf dem am Waldrand liegenden Chatzenrütihof lebte einst der bekannte Landwirt und Naturforscher «Kleinjogg» (Jakob Gujer 1716/85). 1956 erklärte die Zürcher Kantonsregierung die Gegend um den Chatzensee zur Schutzzone.

## Alt Regensberg

Aufgrund einer Urkunde aus dem 11. Jh. scheint festzustehen, dass das Geschlecht der Freiherren von Regensberg ursprünglich aus Mömpelgard (Montbéliard) stammt. Als Gutsherren hatten die Regensberger in der Gegend der Alt-Burg ausgedehnte Besitzungen, die sie im Laufe der Jahre durch Heirat und Erbschaft noch bedeutend vergrösserten. Wahrscheinlicher Erbauer der Alt-Burg (1044) auf dem Hügel am Chatzensee, dem Regensberg, war Graf Lütold. Von ihm aus setzte sich das Geschlecht der Regensberger über sieben Generationen fort, bis es dann 1352 wieder erlosch. Während vieler Jahre zählten die Freiherren zu den Mächtigsten des Zürichgebietes. In ihrer Blütezeit gründeten sie die Städtchen Glanzenberg an der Limmat, Neu Regensberg auf der Lägeren (1245) sowie die Klöster Fahr (1130) und Rüti (1208).
Nach dem Aussterben der Regensberger wurde die Burg nur noch zeitweise bewohnt. 1458 übernahm der reiche Kaufmann, Rudolf Mötteli, die Anlage. Er liess sie modernisieren und wohnlich gestalten. 1468 ging die Herrschaft am Chatzensee an die Stadt Zürich über. Da später offenbar niemand mehr dort wohnte und auch nicht für den Unterhalt gesorgt wurde, verfielen die Bauten sehr schnell. 1705 verwendete man Steinmaterial der Burg für den Bau der Kirche von Regensdorf, 1775 für die Brücke von Adlikon. Anfang des 19. Jh. kam die Ruine in den Besitz des Kantons Zürich, der sie 1819 unter Schutz stellte. In der Folge wurden zu verschiedenen Malen Ausbesserungen vorgenommen. Heute sind noch Überreste des Wohnturms, der Gräben und der Ringmauern zu sehen.

## Zürich

Hauptstadt des gleichnamigen Kantons, volkreichste Stadt und grösster Handelsplatz der Schweiz, wichtigstes Industrie- und Bildungszentrum (Eidg. Technische Hochschule 1854, Universität 1833, Kantons-, Kunstgewerbe- und weitere Schulen, Konservatorium, Meteorologische Zentralanstalt, Sternwarte, Landes- und zahlreiche weitere Museen, Theater, Opernhaus usw.)
Die ideale Lage am Ausfluss der Limmat aus dem Zürichsee hatte eine frühe Besiedlung der Gegend zur Folge. Es konnten mehrere Pfahlbauten aus der Jungsteinzeit (Utoquai, Bauschänzli) und aus der Bronzezeit (Alpenquai, Haumesser) nachgewiesen werden. Die Römer errichteten im 2. Jh. v. Chr. auf dem Lindenhof ein Kastell. Zu dessen Füssen entwickelte sich der Ort Turicum mit Zoll- und Münzstätte.
Im 5. Jh., d. h. zur Zeit der Völkerwanderung, drängten die Alemannen die Römer über die Alpen zurück und der «Zürichgau» kam unter fränkische Oberhoheit. Anfang des 7. Jh. hielt das Christentum Einzug. Im Laufe des 9. Jh. erfolgte ausserhalb des damaligen Ortskerns die Gründung des Grossmünster- und Fraumünsterstiftes. Im Früh- und Hochmittelalter zählte Zürich zu den kaiserlichen Residenzstädten. Ludwig der Deutsche erbaute im 9. Jh. auf dem Lindenhof eine karolingische Pfalz, die unter Otto I. (936–973) durch einen imposanten romanischen Bau abgelöst wurde. Im 11. Jh. entstand um das Grossmünster eine Kaufleute- und Handwerkersiedlung, die bald zu den bedeutensten in Schwaben gehörte. Im 12. Jh. übten die Herzöge von Zähringen die Reichsvogtei über die Stadt aus. 1218 wurde Zürich freie Reichsstadt, verbündete sich 1292 mit Uri und Schwyz und trat 1351 in den Bund der Eidgenossen. Nach dem Sieg (1776) über den Burgunderherzog Karl den Kühnen führte Bürgermeister Hans Waldmann (1435–89) die Stadt auf die Höhe ihres Ruhms und Ansehens. 1519 begann der Leutpriester am Grossmünster, Huldrych Zwingli, sein Werk der sittlichen, politischen und kirchlichen Reformation. Die Asylgewährung an hugenotische und italienische Glaubensflüchtlinge brachte der Stadt neue Impulse für Handel und Verkehr sowie industrielle Anfänge (Seidenindustrie). 1642 beschloss der Rat, in Anbetracht der bedrohlichen Nähe fremder Heere während des Dreissigjährigen Krieges, Schanzen und Wälle anzulegen (4. Stadtbefestigung). Das deutsche Geistesleben des 18. Jh. wurde durch die Zürcher J. J. Bodmer, J. J. Breitinger, J. C. Lavater, S. Gessner, H. Pestalozzi u. a. ent-

◁ Im mittelalterlichen Hügelstädtchen Regensberg (Route 2)

scheidend mitbestimmt. Nach dem Zusammenbruch der alten Eidgenossenschaft während der französischen Revolution nahm Zürich 1798 die helvetische Verfassung an. Nach der Meditationszeit führte 1830 das sogenannte «Memorial von Uster» zu einer freiheitlichen Verfassung und zur Ablösung des Stadtstaates durch den Kanton. 1893 erfolgte die erste, 1934 die zweite Eingemeindung von Vororten.

*Sehenswürdigkeiten*

Grossmünster (bedeutendster romanischer Kirchenbau der Schweiz), Fraumünster (Kreuzgang mit Fresken von P. Bodmer), St. Peterskirche (grösste Turmuhr Europas, Durchmesser 8,67 m), Wasserkirche (gotischer Bau aus dem 15. Jh.), Schweizerisches Landesmuseum (historisches Museum für schweizerische Kultur und Geschichte), Kunsthaus (Sammlung von Gemälden, Skulpturen und Graphik, wechselnde Ausstellungen), Museum Rietberg (Ausstellung aussereuropäischer Kunst), Kunstgewerbemuseum (wechselnde Ausstellungen), historische Zunfthäuser «Meisen», «Rüden», «Saffran», «Schmiden», «Schneidern», «Waag», «Zimmerleuten», Rathaus (Spätrenaissancebau), Zoologischer Garten usw. Nähere Angaben in den Stadtführern.

## Zürichsee

Der Zürichsee ist nächst dem Bodensee und dem Vierwaldstättersee der grösste See der deutschen Schweiz. Er hat eine Länge von 40 km, eine Breite von 1–4 km und eine Fläche von 88,5 km$^2$. Durch die Landzunge von Hurden und den Seedamm wird der See in zwei ungleiche Hälften geteilt, den Obersee und den eigentlichen Zürichsee. Die Ufer beider Seebecken sind wenig gegliedert. Inseln gibt es nur zwei, die Ufenau und die Lützelau. Während der stille, teilweise schilfbewachsene Obersee von den Ausläufern der Schwyzeralpen und einigen St. Galler Erhebungen flankiert wird, gehört das untere Seebecken zum Hügelland. Rechts wird es von der Kette des Pfannenstils, links von einem 500–800 m hohen Ausläufer des Etzels umschlossen, der von der Albiskette durch das Tal der Sihl getrennt wird. Von der waldgekrönten Rücken senken sich sanfte, mit Weinbergen und Obstgärten, Feldern und Wiesen bekleidete Hänge zum Ufer hinab, das von zahlreichen Ortschaften umgeben ist. Nach Süden zeigt sich bei klarem Wetter der Alpenkranz mit den Schneegipfeln des Glärnisch, Tödi usw.
Durch den Linthgletscher wurde das Seebecken aus der Molasse herausgeschliffen. In prähistorischer Zeit reichte der See von Baden bis zum

Walensee. 1854 wurden bei Meilen die ersten Pfahlbau-Funde der Schweiz gemacht. Kaiser Karl IV. schenkte 1362 den ganzen See der Stadt Zürich. Von 1350 bis 1415 kaufte die Stadt das Gebiet links und rechts dazu, mit der einzigen Ausnahme der Stadt Rapperswil. Heute gehört der See dem Kanton. 1835 Eröffnung der Dampfschiffahrt.

## Forch

Schon in alter Zeit wurde die Forch als Übergang von Zürich ins Oberland benutzt. 1259 wird die Strasse erstmals urkundlich erwähnt. Bis 1905 verband eine Pferdepost die Hauptstadt mit Egg. Dieser folgte ein Autobusbetrieb von Zürich über die Forch, Esslingen und Oetwil am See nach Willikon. 1912 wurde die Forchbahn gebaut. Dem Publikum standen täglich neun Verbindungen in jeder Richtung zur Verfügung. Die Fahrt von Zürich-Stadelhofen–Forch nach Esslingen dauerte 67 Minuten.
Nach dem 1. Weltkrieg nahm die Überbauung der stadtnahen Gebiete rasch zu. Auch die Forch wurde von dieser Entwicklung erfasst. Die Bahn wurde etappenweise ausgebaut und ist heute eine moderne, leistungsfähige Vororts-Schnellbahn mit einem sehr guten Fahrplanangebot.

## Pfannenstil Hochwacht

Die Pfannenstil Hochwacht hatte im 17. Jh. ähnliche Aufgaben zu erfüllen, wie die bereits beschriebene Lägeren Hochwacht (siehe Route 2) und gehörte zu dem vom Kanton Zürich aufgebauten Alarmsystem. Damals stand neben dem Wachthäuschen ein Holzmast mit einem Seitenarm. Dieser, einem Pfannenstiel ähnlende Balken gab dem Höhenzug seinen etwas eigenartigen Namen.
Die etwas weiter unten liegende Okenshöhe wurde nach dem Naturforscher und ersten Rektor der Universität Zürich, Lorenz Oken (1779–1851), benannt. Eine auf dem Okenstein (erratischer Block aus dem Glarnerland) angebrachte Gedenktafel erinnert an den Forscher, der hier seinen Lieblingsplatz hatte.

## Rapperswil (Rosenstadt genannt)

Die ersten erwiesenen Bewohner der Gegend von Rapperswil waren Helvetier (Kelten). In der Zeit von 25 bis 250 n. Chr. bestand in Kempraten «centum prata» (viele Wiesen) eine römische Siedlung. Im 6. oder 7. Jh.

setzten sich dort die Alemannen fest. 1129 wurde Rapperswil als Stadt erstmals urkundlich erwähnt. Die Herren und späteren Grafen von Rapperswil waren die Stadtgründer. Sie verlegten um 1200 ihren Sitz von Alt-Rapperswil (Altendorf) auf das gegenüberliegende Seeufer. Ohne männliche Nachkommen, starb 1283 das Grafengeschlecht aus, worauf Rapperswil an das Haus Habsburg-Laufenburg überging. 1350 beteiligte sich Graf Johann II. an der Mordnacht von Zürich und geriet dabei in Gefangenschaft. Der dem Anschlag entgangene Zürcher Bürgermeister Rudolf Brun rächte sich durch die Zerstörung von Stadt und Burg Rapperswil. Wieder freigelassen, war der Graf nicht in der Lage den Neuaufbau vorzunchmen und verkaufte deshalb 1354 die Grafschaft an die Herzöge von Österreich. Herzog Rudolf IV., «der Geistreiche», liess 1358 eine 1850 Schritt lange, mit 546 Pfeilern ausgestattete Holzbrücke über die See-Enge errichten. 1415 erklärte der deutsche König Sigismund auf dem Konzil zu Konstanz Rapperswil zur freien Reichsstadt. Eidgenossen und Zürcher belagerten die Stadt wiederholt erfolglos, 1443 sogar 31 Wochen. 1458 schlossen die Rapperswiler Freundschaft mit den Eidgenossen und unterzeichneten schliesslich 1464 ein Schutz- und Schirmbündnis mit Uri, Schwyz, Unterwalden und Glarus. Während der Reformation stürmten Neugläubige 1531 das Rathaus und die Kirche (Bildersturm). Als aber das Zürcher Heer bei Kappel geschlagen wurde, mussten auf Beschluss der Sieger die Bürger zum alten Glauben zurückkehren oder die Stadt verlassen. Rapperswil bildete fortan als katholisches Bollwerk. In den Jahren 1604–07 wurde am Endingerhorn das Kapuzinerkloster gebaut. Im ersten Villmergerkrieg (1656) belagerte die 18 000 Mann starke Streitmacht des Zürcher Generals, H. R. Werdmüller, Rapperswil neun Wochen lang erfolglos. Als im zweiten Villmergerkrieg (1712) die Zürcher mit den Bernern erneut vor der Stadt erschienen, kam es zu einem Vertrag, der dem langen Ringen zwischen Zürich und Rapperswil ein Ende machte. Nach dem Einmarsch französischer Truppen im Jahre 1798, wurde durch ein Machtwort des Heereskommissärs Rapinat der Kanton Linth gebildet, dem Rapperswil, das Linthgebiet, Glarus und die March angehörten. 1803 verlieh Napoleon der Schweiz durch die Meditationsakte eine Verfassung und diktierte gleichzeitig die Schaffung des Kantons St. Gallen, dem auch Rapperswil zugeteilt wurde. 1835 fuhr als erstes Dampfschiff die «Minerva» nach Rapperswil. Hafenbau 1837–40. 1859 wurde die Eisenbahnlinie Rüti–Rapperswil–Weesen eröffnet. 1878 wurde die alte Holzbrücke über die See-Enge durch einen gemauerten Damm ersetzt. Neben der Strasse wurde gleichzeitig ein Bahntrassee angelegt und die Strecke nach Pfäffikon eingeweiht. 1894 folgten die Bahnlinien Rapperswil–Zürich und 1910 St. Gallen–Uznach (–Rapperswil).

*Sehenswürdigkeiten:*

*Schloss.* Burganlage auf dem Hügel der Rapperswiler Halbinsel. Erbaut vor 1200 durch die Herren von Rapperswil. 1350 von den Zürchern teilweise zerstört. 1354 Wiederaufbau. 1442-1798 übten angesehene Rapperswiler Bürger das Amt des Schlossvogtes aus. 1870-1927 Polnisches Nationalmuseum, in Erinnerung an die Revolution von 1863 von polnischen Emigranten gegründet (vor dem Schlosseingang Freiheitssäule). Nach vorübergehender Aufhebung 1975 neu eröffnet. Schweizerisches Burgenmuseum mit Darstellung der Burgentypen der Schweiz, der ritterlichen Kultur und Bewaffnung.
Imposante Dreieckanlage. Stadtzugewandter Palas, flankiert vom östlichen Uhrturm und westlichen Burgfried. In der Nordecke Pulverturm.

*Stadtpfarrkirche.* Erwähnt 1207, zur Pfarrkirche erhoben 1253. 1493-97 Erweiterung des spätgotischen Chors. 1531 Bildersturm. Nach dem Brand von 1882 wurde die Kirche in neugotischem Stil wieder aufgebaut. Im Schiff gewalmte Holzdecke, im Chor Netzrippengewölbe. In den Seitenkapellen je ein Renaissanceflügelaltar (1532/33). Wertvoller Kirchenschatz u. a. spätgotische Turmmonstranz (1520). 1959/67 äussere und innere Renovation.

*Kapuzinerkloster.* Erbaut 1604/07, befestigt 1662/69, erweitert im 18. Jh., renoviert 1967. Klostergeviert mit quer zum Hügel liegender Kirche. Im Schiff neue Balkendecke, im Chor Kreuzgewölbe.

*Rathaus.* Am Hauptplatz. Erstmals erwähnt 1419. Freistehender Baukubus mit gotischer Fensterteilung. An der Westfront Archivturm (1614) mit neugotischem Pyramidendach. Im 2. Stock Ratssaal mit Kielbogenportal (Ende 15. Jh.), spätgotisches Täfer und Decke rekonstruiert nach 1866. Im Tresor bedeutendes Ratssilber aus dem 17. Jh.

*Brenyhaus.* Am Herrenberg. Seit 1943 beherbergt der aus einem 28 m hohen Wehrturm (13./14. Jh.), dem Brenyhaus (15. Jh.) und einem Zwischenbau mit Galerie (18. Jh.) bestehende Gebäudekomplex das Heimatmuseum. Im 1. Stock gotische Halle mit Balkendecke und Mittelpfeiler. Breny-Stube.

*Weitere Sehenswürdigkeiten.* Liebfrauenkapelle (1489) Pfrundhäuser (1681), Bleuler Hans (1606), Pfauen (1622), Alter Sternen (1568), Heiliggeistspital (13. Jh.), Knies Kinderzoo.
Rapperswil, die Rosenstadt trägt seit 750 Jahren Rosen im Stadtwappen. Sehenswerte Rosenanlagen beim Kapuzinerkloster, am Seehafen und an der Hintergasse (Meinau-Gärtlein).

## Pfäffikon

Zahlreiche Flurnamen erinnern daran, dass Alemannen die bewaldeten Gebiete am Fusse des Etzels urbar machten. 965 schenkte Kaiser Otto I. mit der Ufenau u. a. auch das zugehörige «Phaffincona» (Hof der Pfaffen) dem Kloster Einsiedeln. Gerichtsbarkeit und Schirmvogtei lagen in den Händen der Grafen von Rapperswil, von denen sie 1358 an Österreich kamen. 1386 bemächtigten sich die Zürcher der Höfe Wollerau und Pfäffikon. Im alten Zürichkrieg (1440) nahmen die Schwyzer von den Höfen Besitz. Der Friede von Kilchberg besiegelte dies für alle Zeit. Der Pilgerstrom nach Einsiedeln, der bis zum Bau des Seestegs (1358) zwischen Zürich und Pfäffikon auf dem Wasser stattfand, spielte für die Entwicklung des Ortes eine wichtige Rolle. Das Schwergewicht lag damals im Unterdorf, wo sich eine Sust und einige Gasthäuser für die Pilger befanden. Von hier aus wurde auch das Kloster versorgt, weshalb 1260 neben Speichern und Stallungen ein sichernder Wehrturm erbaut wurde. Neben diesem entstand später eine Burg, die anfangs 19. Jh. abgetragen wurde. 1759 wurde eine Kornschütte gebaut, die 1773 in einen Wohnbau umgewandelt wurde, das heutige Schloss. Die Schlosskapelle datiert von 1566. Kirchlich gehörte der Bereich der Höfe zur Urpfarrei Ufenau. Angesichts des zu gewissen Zeiten gefährlichen Kirchgangs entstand mit der Zeit ein Kranz von örtlichen Kapellen, so 1132 in Pfäffikon. Die Löwen im Wappen der Höfe erinnern an die Herzogfamilie von Schwaben, auf die die Kapelle und die Kirche auf der Ufenau zurückgehen.
1848 wurden Hinterhof (Wollerau) und Vorderhof (Pfäffikon) zum Bezirk Höfe vereinigt. Mit dem Bau der Eisenbahn und dem Ausbau der Strassen wurde Pfäffikon zum Verkehrsknotenpunkt und Industrieort.
Die moderne St. Meinradskirche wurde 1965 geweiht. Ihren bildhauerischen Schmuck schuf Hans Christen, Basel.

## St. Meinrad

Um 828 baute sich der aus dem Kloster Reichenau am oberen Zürichsee herkommende Mönch Meginrat (Meinrad) am Etzel eine Klause. Weil er allzuoft von rat- und hilfesuchenden Menschen Besuch erhielt, verliess er diese nach sieben Jahren, um weiter in den «Finstern Wald» zu ziehen, nämlich an die Stelle, wo sich heute das Stift Einsiedeln erhebt. Auch hier errichtete er eine Zelle, sowie eine Kapelle. 861 wurde Meinrad von zwei Raubgesellen, die es auf den Altarschmuck abgesehen hatten mit einer Keule erschlagen. Meinrads zahme Raben, so erzählt die Legende, verfolgten die Mörder, bis sie festgenommen werden konnten. Ein Gericht in Zürich verurteilte sie zum Feuertod. Als die sterblichen Überreste Meinrads nach Reichenau überführt werden sollten, wollten die Zugtiere auf dem Etzelpass nicht mehr weiterziehen. Man nahm dies für ein Zeichen und setzte die Eingeweide des Mönchs daselbst bei. An dieser Stelle wurde die 1298 erstmals urkundlich erwähnte St. Meinradskapelle errichtet. 1698 wurde diese Kapelle abgebrochen und durch den heutigen Bau ersetzt. Architekt war der Klosterbruder Kaspar Mosbrugger, der auch die Pläne für die Stiftskirche von Muri und für das Einsiedler Ober Münster entworfen hat. In den Jahren 1861 und 1896 (neuer Dachreiter) wurde die Kapelle restauriert. Auch in jüngster Zeit hat man eine gediegene Renovation vorgenommen. Schöne Stukaturen (vermutlich von P. Neuroni), Deckenbilder (vermutlich von J. Brandenberg), Kuppelgewölbe mit Bildern aus dem Leben des heiligen Meinrad (von M. Birchler 1765-1838), Altar (erstellt 1794) mit Gemälde von R. Blättler (1841-1910), Chorgitter in Louis XVI.-Stil.

Das Pilgerwirtshaus St. Meinrad wird im 14. Jh. erstmals erwähnt. 1647 wurde das Haus neu gebaut und brannte 1758 vollständig ab. 1759 Neubau. Über der Tür Rokokowappen des Abtes Niklaus Imfeld (1734-1773). Schmiedeisernes Schild im Louis XVI.-Stil.

**Wägital**

Als sich die Gletscher nach der Eiszeit endgültig zurückzogen, blieb im Innerthal infolge Verstopfung der Schrähschlucht mit Moränengestein ein kleiner See zurück, der aber seiner geringen Grösse wegen rasch verlandet sein dürfte.

Es wird vermutet, dass das Tal schon zur Bronzezeit, d. h. 1500-800 v. Chr. begangen wurde. Von einem Wägital ist wohl mit Recht von der Zeit an zu sprechen, da Menschen, offensichtlich Bewohner der Marchebene, erstmals Pfade durch die unwirtliche, waldverhüllte Gebirgsfurche der Aa zu hauen und ihren Flanken zu Weide- und Holzerzwecken zu nutzen begannen (4.-6. Jh. n. Chr.). Erste Namesnennungen wie «ze wege», «Wegenthal» oder «wägi», weisen auf den Vorgang des Wegemachens hin.

Von der Mitte des 13. Jh. gehörte das vermutlich von da an dauernd besiedelte Tal den Grafen von Rapperswil, die es dann 1358 an die Herzöge von Österreich verkauften. 1405 bemächtigten sich die Appenzeller im Appenzellerkrieg der Mittelmarch mit der «Wägi» und schenkten sie aus Dankbarkeit für deren Mithilfe bei Vögelinseck den Schwyzern.

Trotzdem das Tal zeitweise als Pilgerweg nach Einsiedeln und für Saumtransporte zum Gotthard benutzt wurde, blieb es bis weit in die Neuzeit hinein Isolationsgebiet. Dies änderte durch den 1862–65 erfolgten Bau der 4–6 m breiten und 13,5 km langen Strasse von Siebnen nach Innerthal. Sowohl in Vorder- wie auch in Innerthal nahm die Bevölkerung zu und der Fremdenverkehr hielt Einzug. Ab 1894 wurde das Tal regelmässig durch eine Pferdepost von Siebnen aus bedient. Heute versehen Postautos diesen Dienst.

1895 gründeten Schwyzer und Zürcher Industrielle das nachmals als Wetzikoner Konsortium bekannte «Initiativkomitee zur Gewinnung elektrischer Kraft aus den Wässern des hintern Wägitals». Die erste Konzession erteilte die Bezirksgemeinde March 1896. Aber erst 1921, d. h. erst nach der Gründung der A. G. Kraftwerk Wägital durch die Stadt Zürich und die Nordostschweizerischen Kraftwerke, konnte mit dem Bau der Anlagen begonnen werden. Durch die Errichtung einer gewaltigen Schwergewichtsmauer in der Talenge der Schräh entstand der landschaftlich wunderschöne Wägitalersee. Die Bewohner des Dörfchens Alt-Innerthal mussten auf die Anhöhen des Seegestades umgesiedelt werden. Das Kraftwerk Wägital, einst das grösste Hochdruckwerk Europas, ist heute noch von nationaler Bedeutung.

Erfreulich zu sagen, dass trotz des Kraftwerkbaus der Grundcharakter des Tales als reizvolle Voralpenlandschaft und ausgeprägtes Alp- und Forstwirtschaftsgebiet durchaus erhalten blieb.

## Richisau

Die Alp Richisau liegt auf einer flachen, durch den Moränenwall der Richisauer Schwammhöchi vom Klöntal getrennten Talstufe. Das Gast- und Kurhaus Richisau (Vorder-) steht inmitten schöner Bergahorngruppen. Im mehr als hundert Jahre alten Gästebuch sind Eintragungen vieler berühmter Gäste zu finden, z. B. der Dichter C. F. Meyer (mit dem Gedicht «Die Bank des Alten»), und C. Spitteler, der Maler A. Böcklin, R. Koller (mit einer Bleistiftzeichnung mit einem Motiv aus der Richisau) und J. G. Steffen sowie der Komponisten R. Wagner und H. Götz.

## Klöntalersee

Eine Aufnahme im Geographielexikon der Schweiz (Attinger, Neuenburg) aus dem Jahre 1903 zeigt den damals noch recht bescheidenen Klöntalersee. Durch den Bau eines hohen Erdstaudammes (1905/08) wurde der Spiegel des Sees um 20 m gehoben und sein Umfang um das Dreifache vergrössert. Die Mauerkrone beim Rhodannenberg hat eine Länge von 220 m. Von hier wird das Wasser in einem Stollen zum Wasserschloss geleitet, das oberhalb Netstal in die Felswand des Wiggis gesprengt worden ist.
Umgeben von hohen Bergen, erinnert der 5 km lange und 500-800 m breite Klöntalersee an eine nordische Fjordlandschaft. Über dem südlichen Ufer erhebt sich die fast senkrecht abfallende, 2000 m hohe, kahle Wand des Glärnisch. Von der gegenüberliegenden Seite grüssen die mit Weiden, Wäldern und Hütten überstreuten Hänge der Dejenkette. Den harmonischen Abschluss bilden die zahlreichen, wohlgeformten Berggestalten rund um die Richisau.
Das Klöntal und sein See zählen zu den schönsten Berglandschaften der Voralpen. Zahlreiche Dichter, Maler und Komponisten haben ihm von jeher ihre Aufmerksamkeit geschenkt. Der Dichter C. Spitteler z. B. hat in seinem Buch «Land und Volk» in einem besonderen Kapitel die Spiegelungen des Klöntalersees sehr eindrucksvoll und ausführlich beschrieben. Er hat wohl kaum übertrieben, wenn er den Besuch dieses Tales als «einen der allererlesensten Landschaftsgenüsse, die es auf Erden gibt» bezeichnet.
Auch in der Glarnergeschichte spielt das Klöntal eine Rolle. In der zweiten Hälfte des 16. Jh. wurde am Fusse des Ruchenglärnisch Eisenerz abgebaut. Auf Flössen wurde dieses zum Rhodannenberg transportiert, wo die Eisenschmelze und das Pochwerk standen. Zur Verhüttung wurde ausserordentlich viel Holz benötigt, das aus den umliegenden Wäldern geholt wurde. Der unverantwortbare Raubbau führte schliesslich zur teilweisen Bannung (Bannbrief aus dem Jahre 1571).
Auf der Flucht vor den Franzosen zog der russische General Suworow am 30. September 1799 mit seiner Armee über den Pragelpass ins Klöntal. Eine Sage berichtet, dass damals die russische Kriegskasse aus Furcht vor dem Feind im See versenkt worden sei, wo sie heute noch liegen soll.

## Glarus

Es wird angenommen, dass Glarus seit dem 6. Jh. besteht, obschon es erst 1178 urkundlich erwähnt wird. Hier, wie im ganzen Kanton, spielt der Heilige Fridolin eine Rolle, er ziert das Kantonswappen und gilt als Landespatron. Glarus kam 1352 zur Eidgenossenschaft, was den Habsburgern gar nicht gefiel. An der Hauptkirche des Ortes wirkte der spätere Reformator Ulrich Zwingli als Pfarrer.
Glarus (seit 1419 Kantonshauptstadt) liegt am Fusse der gewaltigen Pyramide des Vorder Glärnisch, in einem von Schilt, Fronalpstock und Wiggis umgebenen Talkessel. 1861 wurde der Ort durch einen Brand zum grossen Teil vernichtet. Einzig in der Umgebung des Landsgemeindeplatzes, der Abläsch und des Oberdorfes blieben alte Teile erhalten. Die Architekten Bernhard Simon und Johann Caspar Wolff bauten den Stadtkern nach dem Brand wieder auf. Die rasterförmige Stadtanlage mit ihren breiten, rechtwinkligen Strassen ist eine der bedeutendsten städtebaulichen Neuschöpfungen des 19. Jh. der Schweiz.

*Sehenswürdigkeiten:*
*Stadtkirche.* Romanische Vorgängerkirche St. Fridolin und Hilarius an der Stelle des heutigen Gerichtsgebäudes. Seit der Reformation paritätisch. 1861 durch Brand zerstört. Neubau westlich des Stadtkerns 1863/66 nach Plan von F. Stadler. 1940 erneuter Brand und Wiederaufbau. Seit 1964 reformierte Pfarrkirche. Dreischiffige Basilika mit Querhaus, Chorpolygon und Doppelturmfassade mit Vorhalle. Glasfenster im Chor von August Wanner.
*Gerichtsgebäude.* Erbaut 1862/64 von J. C. Wolff. Zweigeschossiger, neoklassizistischer Bau, seitlich freistehende Pavillons. Landesarchiv und Landesbibliothek. Auf der Südseite Gedenkstein für den Glarner Chronisten und Staatsmann Ägidius Tschudi (1505–1572).
*Rathaus.* Erbaut 1862/64 von B. Simon. Schwerpunkt des grossen Rathausplatzes mit neunachsiger Hauptfront, Sockel und zwei Hauptgeschossen.
*Gemeindehaus.* 1838 erbaut von K. F. Ehrenberg. Biedermeierbau mit Freitreppe. Vor dem Gemeindehaus von O. Kappeler geschaffener Brunnen mit Berggeist und Alpentieren.
*Landsgemeindeplatz.* Ort der Glarner Landsgemeinde. 1972 nahmen erstmals auch die Frauen daran teil. An der nördlichen Platzseite Ostschweizer Bürgerhäuser aus dem 18. Jh. mit geschweiften Giebeln.

*Haus Brunner im Sand.* Barockes Bürgerhaus. Sammlung von Glarner- und Toggenburger Wappenscheiben 16./17. Jh.

*Katholische Kirche St. Fridolin.* Erbaut 1962/64 von E. Brantschen. Kirchenschatz aus der alten paritätischen Pfarrkirche, u. a. mit dem sogenannten Zwinglibecher (14. Jh.). Glasfenster im Chor von F. Gehr, in der Andachtskapelle von W. Burger.

*Michaelskapelle.* Auf dem Burghügel, erbaut 1762. Chorturm mit romanischem Unterbau, Glockengeschoss und Zwiebelhaube. Vierjochiger Saal mit Tonnengewölbe. Rokokoaltäre von J. B. Babel.

*Kunsthaus.* Erbaut 1951/52 von H. Leuzinger. Schweizer Kunst 19./20. Jh. Wechselausstellungen.

*Haus Leuzinger-Paravicini.* Vor 1560 erbaut. Um 1810 erneuert.

*Haus «In der Wiese».* 1746/48 gebaut für den Begründer der Glarner Textilindustrie, Heinrich Streiff. Barockes Herrenhaus. Im Innern Rokokostukkaturen (1771).

*Iselihaus.* 1969 vom Heimatschutz renoviert.

## Elm

Die letzte Gemeinde im Kleintal, Elm, hat sich in den letzten zwanzig Jahren zum Kurort entwickelt, jedoch ohne die sympathischen Charakterzüge des Bergdorfes zu verlieren. Für diese hat die Gemeinde vor einigen Jahren einen Ehrenpreis erhalten. Elm liegt in einer ausgesprochenen Sackgasse, denn die Weiterreise in andere Talschaften ist nur über hohe Pässe möglich. Wurde vor zwanzig Jahren noch sehr konkret über einen Strassentunnel unter dem Panixerpass ins Vorderrheintal gesprochen, opponiert Elm heute dagegen: man will keine Pforte in Richtung Süden aufmachen. Dafür hat man Seilbahnen und Skilifte gebaut und ein schönes Wandergebiet erschlossen. Im Ort selber bewundert man das Suworowhaus von 1748, das Zentnerhaus sowie das sogenannte Grosshaus. Südlich von Elm entspringt eine gute Mineralquelle. Das Wasser wird im Ort selber abgefüllt. 1881 wurde Elm von einem gewaltigen Bergsturz teilweise zerstört, wobei über 100 Bewohner ums Leben kamen. Ein Gedenkstein an der Dorfkirche erinnert an diese Katastrophe.

## Flims

Seit 100 Jahren gilt Flims als Kurort, wobei bis nach dem Zweiten Weltkrieg das Bauerndorf von den Hotelbetrieben in Flims-Waldhaus deutlich getrennt war. Seither sind beide Teile weitgehend zusammengewachsen und bilden eine stets noch zunehmende Einheit. Flims profitiert nicht nur vom guten Klima, sondern auch von den kurzen Anfahrtswegen, sowie von den riesigen Skigebieten ringsum. Der nahe grosse Wald mit seinen eingebetteten Seelein gilt als attraktives Wandergebiet; aber auch die Möglichkeit, mit den Seilbahnen in die höheren Regionen zu fahren, wird geschätzt.
Flims liegt am Rande des sogenannten Flimser Bergsturzes, der in vorgeschichtlicher Zeit stattfand und als grösstes Ereignis dieser Art in Europa gilt. Vor rund 15 000 Jahren, gegen Ende der Eiszeiten, fuhren gewaltige Kalkmassen zu Tale und stauten den Vorderrhein, sodass der See bis in die Gegend von Trun reichte. Seitdem hat sich der Rhein einen Weg gebahnt, aber immer noch bewundert man die weissen Kalkwände, welche die sogenannte Ruinaulta einfassen. Das Gelände ist heute mit Wald überwachsen, durch welchen zu wandern sehr interessant ist.

## Das Domleschg

Dieses Tal gehört zu den beliebtesten Wandergebieten im Kanton Graubünden. Wenn die Höhenlagen noch im tiefen Schnee liegen, finden die Wanderer das geschützte Domleschg bereits im März im ersten Frühlingsstadium und über das Wochenende begegnet man allerorten wandernden Gruppen. Sobald die Tausenden von Obstbäumen in Blüte stehen, ziehen viele Leute von den Bergen hinunter in den Frühling, denn der lange Winter ist nicht jedermanns Sache. Das Tal ist in mancher Hinsicht interessant und kurzweilig: es handelt sich nicht um eine einsame Gegend, denn allerorten liegen kleine und grosse Ortschaften, oft beinahe ganz in den Obstgärten versteckt. Wirtshäuser laden zu einer Erfrischung ein. Die Talschaft ist von Bergketten umfangen, im Osten erhebt sich die Stätzerhornkette, westwärts ist es der Grat zwischen Heinzenberg und Safiental. Der Norden wird von einer Talenge abgeschlossen, genau wie der Süden von der Viamala und der Schinschlucht. Als unübersehbarer Akzent erhebt sich im Talhintergrund der beinahe 3000 m hohe Piz Beverin, wie eine Wache über Land und Leute.
Dass dieser Landstrich bereits in Vorzeiten bewohnt war, ist nicht erstaunlich. Bei Cazis wurde eine Siedlung aus der Neusteinzeit gefunden,

aus dem Zeitalter der Bronze sind eine ganze Zahl von Orten bekannt. Eine gewichtige Rolle spielten bis zum 14. Jh. die verschiedenen Feudalherren, aus welcher Zeit die zahlreichen Burgen und Burgruinen stammen. Diese schätzten ihren Einfluss in dieser fruchtbaren Region. Aber auch der Bischof von Chur versuchte seine Besitzungen auszudehnen, zeitweilig besass er eine Residenz in Fürstenau, das damals zur Stadt, mit Stock und Galgen, aufstieg. Eine wichtige Einnahmequelle der Domleschger war der Transitverkehr zu und von den Alpenpässen, wobei einer der Wege mit dem Wanderweg von heute identisch ist.
Der Rhein floss jahrhundertelang über die ganze Talebene, bis er im letzten Jahrhundert gezähmt wurde, so dass ansehnliches Kulturland gewonnen werden konnte.

## Tiefencastel

Im Eck, wo sich Albula und Julia vereinigen, liegt die Ortschaft Tiefencastel, die heute als der wichtigste Verkehrsknotenpunkt in Graubünden gilt. Hier treffen Strassen und Bahn von Chur, aus dem Domleschg, von Lenzerheide, von der Albula und aus Davos zusammen, um in Richtung des Juliers und des Septimers weiterzuführen. Bereits in vorgeschichtlicher Zeit war der Ort besiedelt, seinen Namen erhielt er von einem «castellum» der Römer. Unweit des Dorfes steht heute noch die aus dem 8. Jh. stammende karolingische Kirche S. Peter in Mistail, die sorgfältig renoviert worden ist. Die Dorfkirche von Tiefencastel thront auf einem Hügel am Dorfrand und enthält Stukkaturen der «magistri grigioni», Künstler aus den Bündner Südtälern. Die Glanzzeit Tiefencastels lag in den Jahren vor der Eröffnung der Gotthardbahn. Später profitierte der Ort vom Autoverkehr, der 1925 einsetzte, wobei zahlreiche Wirtschaften zu gutem Verdienst gelangten.

## Das Oberhalbstein

Fährt man heutzutage von Tiefencastel in Richtung Julierpass, quert man zunächst eine enge Schlucht, welche als «Stein» bezeichnet wird. Was oberhalb dieser Talenge liegt, ist das Oberhalbstein, ein anmutiges Tal mit zahlreichen Ortschaften. Der Hauptort, Savognin, wuchs in den letzten Jahrzehnten zu einem gewichtigen Kurort in Graubünden heran. Nebst dem Tourismus spielt die Landwirtschaft eine bedeutende Rolle im Tal. Die Elektrizitätswerke der Stadt Zürich bringen dazu ansehnliche Finanzen in diese Region, so dass sie lebensfähig ist. Im Oberhalbstein wird rätoromanisch gesprochen, in einem eigenem Idiom. Diese Sprache ist durch die Vermischung der einheimischen Ursprachen mit dem lateinischen entstanden, welches die Römer nach dem Jahre 15 v. Chr. hier als Amtssprache einführten.

Das Oberhalbstein setzt sich aus vier Talstufen zusammen, die deutlich voneinander getrennt sind, jene von Savognin, welche Sutgot (unterhalb des Waldes) genannt wird, während die Talstufe von Rona Surgot (oberhalb) heisst. Die Trennung wurde von einem vorgeschichtlichen Bergsturz gebildet. Die nächsten Talstufen sind der Stausee von Marmorera und dann die Mulde von Bivio, wo Julier- und Septimerpass beginnen.

Ausgrabungen im Oberhalbstein haben Funde aus verschiedenen Geschichtsperioden ergeben, wobei die sogenannten «Patnals» (auf Hügeln gelegene Befestigungen) eine gewisse Rolle spielten.

Der eigentliche Passverkehr setzte mit den Römern ein, welche sowohl den Septimer wie den Julier benutzten. Im Mittelalter wurden die Übergänge oft von den deutschen Kaisern benutzt, welche hier eine Verbindung mit Italien besassen. Monarchen, kirchliche Würdenträger, Kaufleute, Studenten und Pilger stiegen durch das Tal hinauf und zurück. Seit 1925 hat der Automobilverkehr eingesetzt und stark zugenommen, denn der Julierpass bildet heute die einzige ganzjährige Verbindung mit dem Engadin. Der Septimerpass ist zum Wanderweg geworden.

## Bivio

Diese zuoberst im Oberhalbstein gelegene Ortschaft wird auch Stalla genannt und heisst auf romanisch Beiva. Der Name wird vom lateinischen bivium abgeleitet, was Zwei-Strassenstelle oder Scheideweg bedeutet. Indessen, wenn man den Übergang in das Aversertal miteinbezieht, streben hier drei Wege auseinander. Wichtig waren seit jeher die Routen über den Julier- und über den Septimerpass.

Die Gemeinde kennt noch weitere Besonderheiten: sie besitzt im sonst katholischen Oberhalbstein eine reformierte Mehrheit und man spricht im romanischen Sprachgebiet auch italienisch: Einfluss und Zuwanderung vom Bergell her. Bivio liegt in einer Mulde mitten in einem Skiparadies. Auch die äusserst interessanten Wanderwege haben dazu beigetragen, Bivio zum Kurort werden zu lassen. Diese Wanderungen führen nicht nur dem Tal entlang, sondern auch über die Pässe, wobei zahlreiche Kombinationen möglich sind.

## Das Oberengadin

Dieses Stück Alpenland, das nahe an die 2000-m-Höhenlage heranreicht, gehört zu den bekanntesten des Landes. Das Bild, die einsamen von dunklen Arvenwäldern eingefassten Ebenen, von hellen Bergseen unterbrochen, wird von den Eisriesen der umgebenden Berge abgeschlossen. Das Klima ist einzigartig, man spricht von «Reizklima», aber auch das Licht ist unvergleichbar und hat zahlreiche Künstler bewogen, hier zu malen. Dichter haben das Engadin besungen, Philosophen fanden hier Impulse zu fruchtbaren Gedanken.
Bereits im letzten Jahrhundert wurde diese Landschaft von den «Fremden» entdeckt und in der Folge entwickelte sich dieser Landstrich zu einer Region, die von der «Fremdenindustrie» lebt, wie der Tourismus damals genannt wurde. Heute scheint die Entwicklung an gewissen Orten die von der Natur gesetzten Grenzen zu überschreiten, so dass die einstige Eigenart gefährdet ist. Allein, allerorten regt sich die Einsicht, dass nun genug ge- und überbaut wurde, und dass der Rest an Schönheit der Natur für die Nachwelt erhalten bleiben soll.
Auch wenn die Gegend um Maloja politisch zum Bergell gehört, so wird sie doch von den Touristen zum Engadin gezählt. Dort oben beginnt das Tal, ohne einen natürlichen Abschluss zu besitzen, setzt sich mit dem einzigartigen Silsersee fort, wird durch die Ebene von Sils vom folgenden Silvaplanersee getrennt, welcher bis in die Nähe des Weltkurortes St. Moritz reicht. Bei Sils mündet von Süden her eines der herrlichsten Seitentäler, das Fextal, in die Ebene des Engadins.
Der letzte See, der in der Eiszeit gebildet wurde, ist der von Moränen umgebene St. Moritzersee, in welchem sich die vielen Hotelpaläste des grossen Kurortes spiegeln. Aus kleinen Anfängen heraus wuchs St. Moritz, auf romanisch San Murezzan, zur Weltbekanntheit; vermutlich gibt es nur wenige Ortsnamen, die einen derartigen Glanz ausstrahlen. Der Ort bestand, lange bevor es mit dem Namen eines Heiligen in Verbindung gebracht wurde. 1907 stiess man bei Grabungen beim Mineralbad auf eine Quellfassung, die aus der Bronzezeit stammt. Seitdem ist St. Moritz-Bad auch auf diesem Gebiet bekannt. War der Ort bis zum Ersten Weltkrieg praktisch nur als Sommerkurort bekannt, änderte sich dies, indem der Wintersport aufkam und heutzutage eine Hauptrolle spielt. Die Umgebung von St. Moritz gilt als ein einzigartiges Wandergebiet, welches durch viele Wege erschlossen ist.

## Pontresina

Dieses Strassendorf am Ausgangspunkt zum Berninapass ist im Zusammenhang mit dem Passverkehr entstanden. Seine ausserordentlich günstige Lage am Eingang zur romantischen Val Roseg, sowie die wohlriechenden Arven- und Lärchenwälder ergaben schon früh im letzten Jahrhundert die Grundlagen zu einem wichtigen Kurort. Dazu kommt das Klima des Oberengadins und nicht zuletzt die Nähe der grossen Berge, wobei die vergletscherte Berninagruppe eine gewichtige Rolle spielt. Der Alpinismus ist für den Aufstieg von Pontresina mitentscheidend gewesen und ist es immer noch.
Die Ortsgeschichte – Pontresina gehörte bis 1137 den deutschen Grafen von Gamertingen – ist vom Verkehr und vom Bergbau geprägt worden und wurde nur von wenigen grösseren Ereignissen unterbrochen, wie beispielsweise von der Reformation. Das heutige Ortsbild wird vornehmlich von den grossen Hotels gebildet, daneben erblickt man eine ganze Reihe alter und schöner Engadiner Häuser. Oberhalb der Ortschaft stehen der Turm Spaniola und die Begräbniskirche Santa Maria, ein romanischer Bau mit interessanten mittelalterlichen Fresken im Innern.

## Das Puschlav

Das Tal des Poschiavino, welches das Engadin mit den milden Gefilden des Veltlins verbindet, enthüllt eine Reihe von Eigentümlichkeiten, welche die geographische Struktur, das Klima, Sprache und Kultur, sowie auch Geschichte betreffen. Die Reise über den Berninapass ins Puschlav führt innert sehr kurzer Zeit aus der Region der Gletscher hinunter zu den Kastanien, Reben und des Tabaks. Der Höhenunterschied von 2000 Metern wird auf nur 25 km Luftlinie bewältigt.
Dieses Tal, das seine eigene Geschichte erlebt hat und nie von den italienischen Nachbarn beansprucht wurde, besteht aus zwei bewohnten Talstufen, die gleichzeitig auch zwei politische Gemeinden bilden: Poschiavo und Brusio. Während Poschiavo noch auf mehr als 1000 Metern liegt, senkt sich das Gelände bis auf 520 Meter (Campocologno). Das Klima ist trocken und mild und teilt damit die Vorzüge mit den südlichen Landstrichen.
Südlich von Poschiavo liegt der Lago di Poschiavo, welcher durch einen vorgeschichtlichen Bergsturz bei Miralago gebildet wurde. Er gilt als eine Naturschönheit, die nicht nur von den Feriengästen und Wanderern geschätzt wird, sondern auch von vielen Fischern.

Im Puschlav wird italienisch gesprochen, aber die Leute wollen sich kulturell nicht in Richtung Italien ausrichten, sondern bilden lieber eine Gemeinschaft mit den anderen italienisch sprechenden Tälern des Kantons Graubünden. Am leichten Baustil erkennt man schnell die kulturelle Eigenart dieses Volkes, das sehr mit dem Tal verbunden ist, jedoch eine starke Abwanderung erlebt, weil der Boden und die Wirtschaft nicht alle zu ernähren vermag. Aber trotz der Abgeschiedenheit kehren die Poschiavini bei jeder Gelegenheit zu einem Besuch nach Hause zurück.

Der Haupterwerb ist die Landwirtschaft, die weitgehend aus Kleinbetrieben besteht. Daneben spielt das Forstwesen eine bedeutende Rolle, sowie einige industrielle Betriebe, von denen der Serpentinabbau bei Selva (oberhalb Poschiavo) zu nennen ist. Dieses Gestein ist für Bauarbeiten sehr geschätzt. Daneben spielen die Druckereien und ein Betrieb zur Herstellung von Spielwaren ihre Rolle.

Dass dieses Tal weiterhin lebt, ist nicht zuletzt der Berninabahn zu verdanken, welche 1910 ihren Betrieb aufnahm. In den letzten Jahrzehnten sind erfolgreiche Anstrengungen unternommen worden, das Puschlav für den Tourismus zu öffnen; denn Klima, Ruhe und Beschaulichkeit werden immer mehr gefragt.

## Poschiavo

Der Hauptort des gleichnamigen Tales lässt auf einen besonderen Charakter schliessen. Obschon es durchaus keine Stadt ist, verrät Poschiavo einen städtischen Einschlag. Seine Besonderheiten sind die Türme und die zahlreichen Herrenhäuser, die auf einstigen Reichtum schliessen lassen. Eindruck macht der romanische Rathausturm oder jener der Stiftskirche San Vittore. Zu den herrschaftlichen Häusern zählen das heutige Hotel Albrici, die Casa Mengotti (mit dem Talmuseum) und die schönen Gebäude im Spanierviertel. Im Albrici stand eine Druckerei, jedoch schon vorher bestand eine solche, die von den Landolfi betrieben wurde. Eindrucksvoll sind die zwei Hauptplätze des Ortes, wie auch die guten alten Gasthäuser, welche die gemütliche Atmosphäre des Südens ausstrahlen. Das ältestes Gebäude ist die Kapelle San Pietro, mit ihrer halbkreisförmigen Apsis, die unweit der Bahnstation steht.

Der in eine Mulde gebettete, ▷
liebliche Leg da Canova zwischen
Tomils und Almens (Route 11)

# Touristische Informationen

**Auskunftsstellen**

Schweizerische Arbeitsgemeinschaft für Wanderwege (SAW)
Im Hirshalm 49, 4125 Riehen, Telefon 061 49 15 35

*Regionale Verkehrsverbände:*

Aargauische Verkehrsvereinigung
Buchenhof, 5001 Aarau
Telefon 064 21 15 04

Verkehrsverein der Stadt Zürich
und Umgebung, Bahnhofbrücke 1
Postfach, 8023 Zürich
Telefon 01 211 40 00

Verkehrsverband Ostschweiz
Geschäftsstelle: Verkehrsbüro der
Stadt St. Gallen, Bahnhofplatz 1a
Postfach, 9001 St. Gallen
Telefon 071 22 62 62

Verkehrsverein für Graubünden
Hartbertstrasse 9, Postfach, 7001 Chur
Telefon 081 22 13 60

Verkehrsverein Oberengadin
Chesa Cumünela, 7504 Pontresina
Telefon 082 6 05 73

Verkehrsverein Poschiavo
7742 Poschiavo
Telefon 082 5 05 71

# Touristische Informationen

**Unterkunfts- und Verpflegungsmöglichkeiten ausserhalb der Ortschaften:**

Route
1 Acheberg, Restaurant
2 Lägeren Hochwacht, Restaurant
3 Pfannenstil, Restaurant
4 Vorderer Pfannenstil, Restaurant
   Gibisnüd, Hotel Alpenblick, Tel. 01 920 47 22
5 Luegeten, Restaurant
   St. Meinrad, Restaurant, zur Zeit geschlossen
   Sonnenberg, Naturfreundehaus, Tel. 055 42 12 50
   (E. Furrer, Hombrechtikon)
   Stöcklichrüz, Naturfreundehaus «Waldeggli», Tel. 01 35 37 52
   (J. Köpfli, Zürich)
   Gueteregg, Bergwirtschaft
   Sattelegg, Berggasthaus, Tel. 055 69 12 88
   Sattelegg, Skihütte Naturfreunde, Tel. 055 64 19 48
   (A. Ziltener, Siebnen)
6 Innerthal, Jugendherberge, Tel. 055 69 12 01
7 Au (Wägitalersee) Bergwirtschaft
   Brüschalp, Bergwirtschaft
   Richisau, Vorder, Gasthaus, Tel. 058 61 10 85
8 Vorauen, Gasthaus, Tel. 058 61 13 83
   Blätz, Gasthaus, Tel. 058 61 13 74
   Schwammhöchi, Restaurant
10 Niderenalp, bewirtete Unterkunft
   Camona da Segnas (Segnashütte)
11 Gastwirtschaft Conn (Lichtung im Flimser Wald)
   Bahnhofbuffet Reichenau
   Restaurant Landhaus, Almens
12 Restaurant Junkerhaus, Muldain (Sehenswürdigkeit)
14 Restaurant Alp Flex, Flix (oberhalb Marmorera Stausee)
16 Restaurant Stazersee, Staz/St. Moritz
17 Restaurant Morterratsch, Morterratsch
   Restaurant Berninahaus, Bernina Suot
18 Bahnhofbuffet Alp Grüm, Alp Grüm
19 Restaurant Miraval, Presa (oberhalb Brusio)


**Jugendherbergen**

Zürich, Innerthal, Thusis, Maloja, St. Moritz-Bad, Pontresina.

# Kartenverzeichnis

Als Ergänzung zum vorliegenden Wanderbuch stehen nachstehende Karten zur Verfügung. Die Ortsnamen und Höhenangaben sind in der Regel der Landeskarte 1:25000 oder dem Amtlichen Kursbuch der Schweiz entnommen.

## Wanderkarten

| | | Routen-Nr. |
|---|---|---|
| 1:50000 | Wanderkarte Kanton Aargau | 1+2 |
| | Spezialkarte des Jura, Blatt 1 | |
| | Aargau, Lägern–Bözberg | 1+2 |
| | Wanderkarte Kanton Zürich | 1–7 |
| | Schwyzer Wander- und Skikarte | 5–8 |
| | Wanderkarte Glarnerland | 6–8 |
| | Wander- und Tourenkarte Flims | 10+11 |
| | Wanderkarte Lenzerheide–Thusis | 11+12 |
| | Wander- und Tourenkarte Albula–Landwasser | 12+13 |
| | Wanderkarte Oberengadin–Bernina–Oberhalbstein | 13 18 |
| | Wanderkarte Valle di Poschiavo | 18+19 |
| 1:25000 | Wanderkarte der Region Zurzach | 1 |
| | Wanderkarte Savognin | 13+14 |

## Landeskarte der Schweiz (LK)

| 1:50000 Blatt | | Routen-Nr. | Blatt | | Routen-Nr. |
|---|---|---|---|---|---|
| 215 | Baden | 1+2 | 1112 | Stäfa | 3–5 |
| 225 | Zürich | 2+3 | 1132 | Einsiedeln | 5+6 |
| 226 | Rapperswil | 3–5 | 1133 | Linthebene | 6 |
| 236 | Lachen | 5–8 | 1153 | Klöntal | 6–9 |
| 237 | Walenstadt | 9 | 1154 | Spitzmeilen | 9 |
| 247 | Sardona | 9–11 | 1174 | Elm | 9+10 |
| 257 | Safiental | 11+12 | 1194 | Flims | 10+11 |
| 258 | Bergün | 12–14 | 1195 | Reichenau | 11 |
| 268 | Julierpass | 14–17 | 1215 | Thusis | 11+12 |
| 269 | Berninapass | 17+18 | 1216 | Filisur | 12+13 |
| 279 | Brusio | 19 | 1236 | Savognin | 13+14 |
| | | | 1256 | Bivio | 14+15 |
| 1:25000 | | | 1276 | Val Bregaglia | 15 |
| 1050 | Zurzach | 1 | 1277 | Piz Bernina | 15+16 |
| 1070 | Baden | 1+2 | 1257 | St. Moritz | 16+17 |
| 1071 | Bülach | 2 | 1258 | La Stretta | 17 |
| 1091 | Zürich | 2+3 | 1278 | La Rösa | 17+18 |
| 1092 | Uster | 3 | 1298 | Lago di Poschiavo | 19 |

# Die Markierung der Wanderrouten

Die Markierung der Wanderrouten geschieht nach den von der SAW aufgestellten Richtlinien. Sie besteht aus Wegweisern mit und ohne Zeitangaben, Richtungszeigern und Zwischenmarkierungen.
Die angegebenen Marschzeiten basieren auf einer durchschnittlichen Leistung von 4,2 km in der Stunde auf flachem, gut begehbarem Gelände. Abweichungen bei Steigungen und Gefälle sind mitberücksichtigt. Rastzeiten sind nicht eingerechnet.

**Wanderrouten** (gelbe Markierung)
*Wege für jedermann,* die mit gewöhnlichem Schuhwerk und ohne besondere Gefahren begangen werden können.

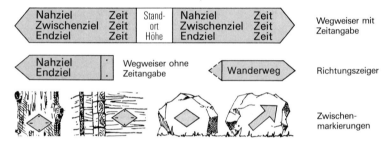

**Bergrouten** (weiss-rot-weisse Markierung)
Wege, die *grössere Anforderungen* an die Ausrüstung des Wanderers in bezug auf *wetterfeste Kleidung* und *geeignetes Schuhwerk mit griffigen Sohlen* stellen. Das Begehen von Bergwegen erfordert *besondere Vorsicht* und *Bergtüchtigkeit*.

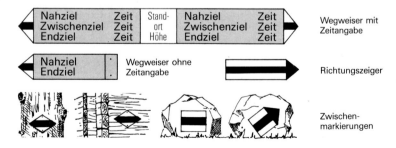

# Die Schweizerische Arbeitsgemeinschaft für Wanderwege (SAW)

Gehen ist gesund. Gehen macht munter und verschafft das beglückende Gefühl der Freiheit. Technik und Maschine haben den Menschen der Natur entfremdet – der Wanderweg bringt ihn zu ihr zurück.
Als Dachorganisation der Wanderbewegung in der Schweiz fördert die SAW die Erschliessung der Landschaft durch Wanderwege. Sie kämpft für die Erhaltung und Sicherung des echten, das heisst möglichst motorfahrzeug- und immissionsfreien Wanderweges. Sie tritt für ein sinnvolles Wandern ein und unterstützt die Bestrebungen zum Schutze von Natur und Heimat.
Die SAW wurde 1934 in Zürich gegründet. Sie stellt ihre Dienste der Öffentlichkeit unentgeltlich zur Verfügung. Ihre Hauptaufgabe sieht die SAW in der Unterstützung ihrer 25 Sektionen in der Schweiz und im Fürstentum Liechtenstein und in der Koordinierung ihrer Arbeit. Sie legt das gesamtschweizerische Wanderwegekonzept fest, plant die durchgehenden nationalen und internationalen Wanderrouten und erlässt Richtlinien für ein einheitliches Vorgehen.
Die Wanderbewegung ist ein Beispiel schweizerischer Eigenart. Einerseits finden die von der SAW aufgestellten Normen Verständnis und Nachachtung, andererseits behalten die Wanderwegesektionen ihre Selbständigkeit. Bei ihnen liegt die Hauptlast der praktischen Arbeit. Sie planen, markieren und unterhalten ihr Wanderroutennetz, bauen eigene Wanderwege aus, organisieren geführte Wanderungen und bearbeiten eine grosse Zahl an Wanderbüchern und Wanderkarten. Mit seinen rund 50000 km Länge sucht das Wanderroutennetz der Schweiz seinesgleichen jenseits der Grenzen.
Es ist ein besonderes Anliegen der SAW, für das Wandern als Freizeitgestaltung und Körperertüchtigung zu werben. Daher informiert sie die Öffentlichkeit über die Wanderprobleme und pflegt den Erfahrungsaustausch zwischen den Sektionen. Gegenüber Behörden im In- und Ausland wahrt sie die Interessen der Wanderer. Als Dienstleistung für Wanderfreunde führt sie eine zentrale Auskunfts- und Dokumentationsstelle und veröffentlicht jährlich in ihrem Wanderprogramm eine Zusammenfassung der geführten Wanderungen und Wanderwochen ihrer Sektionen sowie ein Verzeichnis der erhältlichen Wanderliteratur.
Den Skiwanderer dürfte interessieren, dass die SAW zusammen mit ihren Sektionen und dem Schweizerischen Ski-Verband auch die Ski-Wanderwege einheitlich markiert. Heute stehen dem Anhänger dieses immer beliebteren Volkssportes in der Schweiz rund 150 Ski-Wanderwege, die zusammen über 1400 km messen, zur Verfügung. Das Wegenetz wird jährlich erweitert. Über Umfang und Zustand orientiert eine Broschüre, die jährlich überarbeitet wird.

# Literaturverzeichnis

Aargauer Gemeinden, Die: Offizielles Gemeinschaftswerk sämtlicher 231 Aargauer Gemeinden und der Arbeitsgruppe «175 Jahre Aargau». Brugg 1978.
Anliker, H.: Flims, 1961.
Bär, G.: Auf Wanderwegen im Zürcher Unterland, Rafzerfeld und Weinland. Zürich 1977.
Bär, G. und Spiess, W.: Auf Wanderwegen zwischen Glattal und Zürichsee. Zürich 1979.
Baumgartner, M.: Ein Bergtal öffnet sich (Sernftal), 1980.
Bernasconi, H. U.: Aargau. Schweizer Wanderbuch, Rundwanderungen 4. Bern 1977.
Baden. Schweizer Wanderbuch. Bern 1978.
Birchler, L., Dr.: Die Kunstdenkmäler des Kantons Schwyz. Basel 1927.
Blumer, E. u. w.: Glarnerland. Schweizer Wanderbuch. Bern 1975.
Braun Blanquet, J.: Flora von Graubünden, 1932.
Burkhalter, P. und Fuchs, A.: Alpenrandroute. Schweizer Wanderbuch. Bern 1981.
Caduff, C.: Surselva, Schweizer Wanderbuch. Bern 1981.
Mittelbünden, Schweizer Wanderbuch. Bern 1980.
Davatz, K.: Kunstführer Glarus, 1974.
Frei-Cantieni, W.: Das Oberhalbstein, 1965.
Freuler, K.: Glarnerland und Walensee. Glarus 1959.
Glarner Geschichten. Glarus 1962.
Glarner Sagen. Glarus 1968.
Haller, H.: Kunstreisen in der Schweiz. Zürich 1976.
Halter, E.: Rapperswil. Schweizer Heimatbuch Nr. 63. Bern 1954.
Hediger, H.: Geschichte des Städtchens Regensberg. 1969.
Henggeler, P. R.: Die Meinradskapelle auf dem Etzel. Einsiedeln 1961.
Kromer, S./Pool, S.: Puschlav, Schweizer Wanderbuch. Bern 1976.
Leuzinger, H.: Das Glarnerland. Heimatbüchlein. Glarus 1952.
Meyer, O. M.: Katzensee-Lägeren-Baden. Zürich 1920.
Mohler H.: Das Domleschg. 1965.
Oberholzer, J.: Geologie der Glarneralpen. Bern 1933.
Peter, H.: Die Lorettokapelle auf dem Acheberg. Zurzacher Zeitung 1981.
Pfister, M.: Der Zürichsee. Schweizer Heimatbuch Nr. 73/75. Bern 1955.
Pfister, R./Bucheli, U.: Oberengadin. Schweizer Wanderbuch. Bern 1980.
Pieth, F.: Bündner Geschichte, 1945.
Poeschel, E.: Das Burgenbuch von Graubünden, 1930.
Die Kunstdenkmäler Graubündens Bd. III/IV/VI.
Schneider, H.: Die Burgruine Alt-Regensberg. Olten 1979.
Schorta, A.: Rätisches Namenbuch. 1964
Tognina R./Zala R.: Das Puschlav. 1974.
Winkler, E.: Landschaftsgeschichte des Wägitales. Siebnen 1944.
Winteler, J.: Geschichte des Landes Glarus. Glarus 1954.
Zeller, W.: Die Oberengadiner Seen. 1964.
Kunst und Kultur in Graubünden. 1972.

Bücher, die im Buchhandel nicht mehr erhältlich sind, können bei der Schweizerischen Landesbibliothek, Hallwylstrasse 15, 3005 Bern, leihweise bezogen werden.

# Alphabetisches Register

Die Zahlen bedeuten die Routennummern.

Aberen 7
Acheberg 1 und S. 81
Allmend Fluntern (Zürich) 3 und S. 88
Almens 11
Alp Grüm 18
Alvaschein 12

Baldingen, Ober 1 und S. 81
Berghubel 7
Bernina, Passo del 17, 18
Bernina Suot 17
Biflen 10
Bivio 14, 15 und S. 101
Blätz 8
Brandhalti 6, 7
Breiten 1
Brüschalp 7
Brüschegg 10
Brusio 19
Burstrain 7

Campocologno 19
Canton 19
Cavaglia 18
Chänzeli 1
Chatzensee 2 und S. 86
Chrästel 2
Conn 11
Crapp da Sass 16

Del 13
Digg 11

Egg 6
Eggstofel 6
Elm 9, 10 und S. 98
Engi 9
Ennetlinth 9

Flims 10, 11 und S. 99
Flims Waldhaus 11
Flix, Alp 14
Foppa 10
Forch 3 und S. 90

Garbela 19
Gessnerdenkmal 8
Gibisnüd 2
Glarus 8, 9 und S. 97
Grevasalvas 15
Grüenwald 2
Güntlenau 8
Gueteregg 5
Guldenen, Vorder 3

Höngg (Zürich) 2
Hurden 5

Innerthal 6, 7

Klöntalersee 8

Koblenz 1 und S. 80

Lägeren/Hochwacht 2 und S. 84
Lägerenweid 2
Lägh dal Lunghin 15
Längg 1
Lag la Cauma 11
Lago Bianco 18
Leg da Canova 11
Lej da Staz 16
Lej Marsch 16
Lej Nair 16, 17
Lorenchopf 3
Luegeten 5
Lützelsee 4
Lunghin, Pass 15

Madonna di Tirano 19
Martin 18
Matt 9
Meinrad, Sankt 5 und S. 90
Miralago 19
Mistail 12
Mitlödi 9
Morteratsch 17
Müligaoooogg 6
Mülihölzli 4
Muldain 12
Muotta 15

Natons 14
Niderenalp 10
Niederwenigen 1, 2 und S. 82
Nivagl 12
Nüssen 6

Pagnoncini 19
Parsonz 13
Pfäffikon 5 und S. 90
Pfannenstil/Hochwacht 3, 4 und S. 90
Pintrun 11
Plam Pedra Purtgera 12
Plang Camfer 15
Plang da Crousch 14
Plaun Grand 15
Pontresina 16, 17 und S. 103
Poschiavo 18, 19 und S. 104
Prada 19

Rapperswil 4, 5 und S. 90
Regensberg 2 und S. 84

Regensberg, Alt 2 und S. 86
Reichenau 11
Richisau, Vorder 7, 8 und S. 95
Riom 13
Rohr 6
Rothenbrunnen 11
Ruegna 14

Saggberg, Vorder 8
Salein 10
Salouf 13
Salzläcki 6
San Cosmas e Damian 13
St. Moritz-Bad
Sattelegg 5, 6
Savognin 13, 14
Schachen 1
Scharans 11, 12
Schneisingen, Mittel 1 und S. 81
Schwammhöchi 8
Schwanden 9
Schwialpass 7
Segl i. E. 15, 16
Segnas, Camona da 10
Segnaspass 10
Septimerpass 15
Sett, Pass da 15
Sils-Baselgia 15
Sils-Maria 15, 16
Stöcklichrüz 5
Süessblätz 3
Sulzbach 9
Surlej 16

Tamins 11
Tiefencastel 12, 13 und S. 100
Tigias (Alp Flix) 14
Tinizong 14
Tirano, Madonna di 19
Trin Digg 11
Tumegl/Tomils 11

Vardaval 14

Wägitalersee 7
Wassberg 3
Watt 2 und S. 85
Wildegg 6

Zalende 19
Zürich 2, 3 und S. 88

## Wanderbücher Grüne Reihe

1. Basel I
2. Basel II
3. Oberengadin
4. Unterengadin
5. Olten und Umgebung
6. Solothurn und Umgebung
7. St. Gallen–Appenzell
8. Vispertäler, Zermatt–Saas Fee–Grächen, D + F
9. Chur–Lenzerheide
10. Zugerland
11. Davos
12. Val d'Anniviers–Val d'Hérens, D + F
13. Monthey–Val d'Illiez–Dents-du-Midi, D + F
14. Baden und Umgebung
15. Lötschberg
16. Jurahöhenwege, D + F
17. Martigny–Bagnes–Entremont, D + F
18. Aarau und Umgebung
19. Brig–Simplon–Aletsch–Goms, D + F
21. Sitten–Siders–Montana, D + F
22. Lugano und Umgebung
23. Locarno und Umgebung
24. Prättigau (Graubünden)
25. Rigigebiet
26. Valsertal–Bad Vals (Graubünden)
27. La Côte et le Pays de la Venoge, F
28. Bergell (Graubünden)
29. Uri (Zentralschweiz)
30. Schanfigg–Arosa
31. Engelberg
32. Puschlav (Graubünden)
33. Tessin/Bedretto, Leventina, Blenio, Bellinzona
34. Glarnerland
35. Misox–Calanca (Graubünden)
36. Nidwalden (Zentralschweiz)
37. Obwalden (Zentralschweiz)
38. Schaffhausen
39. Entlebuch
40. Vierwaldstättersee, Zugersee, Ägerisee
41. Schweiz
42. Mittelbünden/Grischun central
43. Surselva/Bündner Oberland
44. Leukerbad, D + F
45. St. Galler Oberland
46. De Nyon à la Vallée de Joux, F
47. Luzern–Pilatus

## Wanderbücher SAW

Gotthardroute
Mittellandroute
Alpenpassroute
Alpenrandroute
Hochrheinroute
Rhein-Rhone-Route
Basel-Sion-Route
Schwarzwald-Veltlin-Route

## Wanderbücher Internat. Reihe

1. Mont-Blanc, D + F
2. Bodensee
3. Elsass–Vogesen
4. Lago Maggiore/Langensee
5. Fürstentum Liechtenstein
6. Tour du Léman
7. Schwarzwald-Süd
8. Schwarzwald-Nord

## Wanderbücher Gelbe Reihe

1. Wanderwege im Kanton Bern
2. Emmental I (Unteremmental)
3. Passrouten im Berner Oberland
4. Emmental II (Oberemmental)
5. Chasseral
6. Lütschinentäler
7. Forst–Frienisberg
8. Freiberge, D + F
9. Brienzersee
10. Seeland
11. Kandertal
12. Saanenland
13. Niedersimmental–Diemtigtal
14. Oberaargau
15. Bern-Süd
16. Thunersee
17. Obersimmental
18. Bern-Nord
19. Oberhasli
20. Bantiger–Wägesse
21. Moutier und Umgebung, D + F
22. Pruntrut–Delsberg–Laufen, D + F
23. Bern und Umgebung

## Rundwanderungen

1. Bern–Mittelland
2. Bern–Oberland
3. Freiburgerland, D + F
4. Aargau
5. Tessin
6. Pays de Neuchâtel, F
7. Pays de Vaud, F

## Jurakartenwerk 1 : 50 000

Exkursionskarten mit Wanderwegen

Blatt 1  Aargau–Lägeren–Bözberg
Blatt 2  Basel–Baselland–Olten
Blatt 3  Solothurn–Delémont–Porrentruy
Blatt 4  Neuchâtel–Chasseral–Bienne
Blatt 5  Yverdon–Ste-Croix–Val de Travers
Blatt 6  Lausanne–La-Côte–St-Cergue–Vallée de Joux

## Exkursions- und Wanderkarten

Bern–Mittelland–Schwarzenburgerland–Seeland 1 : 50 000
Emmental–Napf–Entlebuch 1 : 50 000
Kandertal–Obersimmental–Saanenland 1 : 50 000
Oberengadin und Bernina 1 : 50 000
Unterengadin–Samnaun–Münstertal 1 : 50 000
Oberhasli 1 : 50 000
Oberhasli–Lütschinentäler–Kandertal 1 : 50 000
Lausanne et environs 1 : 25 000
Oberaargau–Bucheggberg 1 : 50 000
Thunersee 1 : 50 000
Vierwaldstättersee–Zentralschweiz 1 : 100 000
Niedersimmental–Diemtigtal 1 : 50 000

# Kümmerly + Frey